Wissenschaftliche Beiträge
aus dem Tectum Verlag

Reihe Geschichtswissenschaft
Band 41

Ernst Gusenbauer

Dann war es nur ein Traum ...

Rätedemokratie und Räterepublik in Bayern 1918/19

Tectum Verlag

Ernst Gusenbauer
Dann war es nur ein Traum …
Rätedemokratie und Räterepublik in Bayern 1918/19
Wissenschaftliche Beiträge aus dem Tectum Verlag
Reihe: Geschichtswissenschaft; Bd. 41

ISBN 978-3-8288-4348-6
E-PDF 978-3-8288-7297-4

Umschlagabbildung: BARCH 183-R18766

Druck und Bindung: Docupoint, Barleben
Printed in Germany

Besuchen Sie uns im Internet
www.tectum-verlag.de

Bibliografische Informationen der Deutschen Nationalbibliothek
Die Deutsche Nationalbibliothek verzeichnet diese Publikation
in der Deutschen Nationalbibliografie; detaillierte bibliografische
Angaben sind im Internet über http://dnb.d-nb.de abrufbar.

Inhaltsverzeichnis

Prolog

Wer jüngst die Coverseiten diverser historischer Magazine betrachtete, dem fiel auf, dass das Jahr 2019 auf dem besten Weg ist, zu einem neuerlichen historischen Gedenkjahr zu werden. Diesmal stehen jedoch nicht Beginn oder Ende des Ersten Weltkriegs im Fokus der Betrachtung, sondern die unmittelbaren Folgen dieses langläufig als Urkatastrophe Europas bezeichneten Geschehens. Großreiche verschwanden innerhalb kurzer Zeit und Revolutionen erschütterten den ganzen Kontinent. Im Osten Europas ging der Krieg sogar noch weiter. Die aus den Trümmern der untergegangenen Imperien entstandenen neuen Staatengebilde verstrickten sich sogleich in erbittert geführten Auseinandersetzungen mit ihren Nachbarn, in denen es um nationalistische Selbstbehauptung, Grenzziehungen und Bevölkerungsgruppen ging.

Ein Rückblick auf vergangene Epochen der Geschichte zeigt, dass politische Akteure bereits seit dem Ende des 18. Jahrhunderts vor allem darauf abzielten, Verheißungen zu entwickeln, die das Leben, vor allem der unteren Schichten, in elementarer Weise zum Besseren wenden sollten. Von prophetischen Ankündigungen hin zur „Veränderung der menschlichen Bedrängnis" (Purdy, 1999) genährt, entsprangen daraus Revolutionen als sichtbarer Ausdruck dieser Hoffnungen. Sie waren verbunden mit der Sehnsucht nach sozialer Gerechtigkeit und politischer Teilhabe aller Schichten und hatten zugleich ein eindeutiges Ziel, nämlich die vollständige Umwälzung der jeweiligen Herrschaftsverhältnisse.

Der traditionelle Revolutionsbegriff richtet sein Hauptaugenmerk auf einen zugleich elementaren und gewaltsamen Umsturz der bestehenden politischen und sozialen Ordnung und verklärt dabei nur allzu oft die revolutionären Volksmassen in romantischer Weise. (Ay, 1968)

Leo Trotzkis Grundmuster revolutionärer Entstehungsbedingungen, vor dem Hintergrund der Russischen Revolution von 1917 entwickelt, geht von der Grundannahme aus, das sich zunächst eine breite

Front aller Gegner des alten Regimes formiere. Dies führe zu einer revolutionären Übergangssituation in der, neben revolutionären Organen, eine alte provisorische Regierung ein System der Doppelherrschaft ausübe. Schließlich werden die Radikalen durch den Gang der Ereignisse immer stärker und verdrängen die alten Eliten von der Macht. Am Höhepunkt der Auseinandersetzungen stehe freilich eine diktatorische Phase, die schließlich die neue Herrschaft zu festigen vermag (Neubauer, 1968). Dabei entstehen in Form der Räte ganz neue politische Institutionen von unten als Ausdruck des Volkswillens.

Die Geschichte der Rätebewegung in Deutschland zeigt ein eindrückliches Beispiel des Versuches, unmittelbare, aktive und selbstverantwortliche Teilhabe an der politischen Macht zu erringen, aber auch des Scheiterns dieser Bemühungen. Die deutsche Novemberrevolution bildete in der Tat eine tiefgreifende Umwälzung der politischen Strukturen und der Gesellschaft, ohne dass dies aber sogleich in ihrer ganzen Tragweite begriffen wurde (Bracher, 2002, S. 36 ff). Zwar waren in Anlehnung an den Revolutionsbegriff des italienischen Marxisten Antonio Gramsci die Vertreter der alten Ordnung nicht mehr fähig und wohl auch nicht mehr Willens, der Entwicklung Einhalt zu gebieten, doch war andererseits das Neue in Gestalt der Rätebewegung noch nicht in der Lage, ihren Zielvorstellungen eine eindeutige Richtung zu geben. Erst zu einem Zeitpunkt, als die wichtigen politischen Entscheidungen gegen sie schon längst gefallen waren, gelang es ansatzweise, Modelle einer zukünftigen neuen Staats-und Gesellschaftsform zu präsentieren.

Die vorliegende Publikation „Dann war es nur ein Traum … Rätedemokratie und Räterepublik in Bayern 1918/19“ basiert auf der im Jahre 2003 am Historischen Institut der FernUniversität in Hagen eingereichten Magisterarbeit „Das Modell der Rätedemokratie und die Münchner Räterepublik 1919“. Allerdings fokussiert die Neufassung ausschließlich den (gescheiterten) Versuch, einen Staat auf rätedemokratischer Grundlage zu errichten. Einen zweiten Unterschied gibt es gegenüber der ursprünglichen Fassung: Die Bezeichnung Münchner Räterepublik wurde zugunsten von Bayerischer Räterepublik aufgegeben. Obwohl die entscheidenden Etappen der bayerischen Revolution ihren Ausgangspunkt in der Landeshauptstadt München nahmen, wurden doch beide Räterepubliken in München ausgerufen, ist dies aus heutiger Sicht des Autors eine verkürzte Sichtweise. Die revolutionären Ereignisse erfassten auch andere bayerischen Städte und vor allem ländliche Regionen in unterschiedlicher Weise und dies hatte wiederum Auswirkungen auf den Fortgang der Revolution in München. Auch jene Literatur, die sich neuerdings (wieder) diesem Thema widmet, verwendet gleichfalls durchgängig die Bezeichnung Bayerische Revolution bzw. Bayerische Räterepublik. Die vorliegende Publikation behauptet aber nicht, epochale Erkenntnisse hinzuzufügen. Was sie jedoch beabsichtigt ist, anstelle einer „braven" Chronologie, durch besondere thematische Zugänge, die bewegenden Ereignisse in komprimierter Form neu zu beleuchten.

Gewissermaßen im **Vorspann** wird versucht, Fragen zur Entstehung, zum Erscheinungsbild und zu den Positionen der Parteien, die sich mit der Rätedemokratie auseinandersetzten oder sie lauthals propagierten, zu erläutern. Sodann werden die häufig nur auf dem Papier existierenden Konzepte (Modelle) einer solchen Rätedemokratie vorgestellt und schließlich das Erscheinungsbild der bayerischen Arbeiter-, Soldaten-, und Bauernräte untersucht. Der nur fragmentarische Versuch, Frauenräte zu etablieren wird dabei in die Betrachtung mit einbezogen.

Die Ereignisse in Bayern sind aus vielerlei Gründen von besonderer Faszination. Gab es ein spezielles Gesicht der bayerischen Revolution, wie dies in der einschlägigen zeitgeschichtlichen Forschung lange Zeit immer wieder betont wurde (Ay 1968; Kolb 1962; Oertzen 1976)?

Man kann diese Frage uneingeschränkt bejahen. Der revolutionäre Umsturz erfolgte bereits vor den entscheidenden Ereignissen in Berlin und besaß außerdem „als bayerische Revolution" auch eine durchaus „bohemeartige" Facette, in der vor allem Intellektuelle und Künstler wie Erich Mühsam, Gustav Landauer oder Ernst Toller maßgeblich Akteure waren. Ihre besondere Prägung erhielten sie durch einen weiteren **Protagonisten** in der Gestalt von Kurt Eisner, des revolutionären ersten Ministerpräsidenten der Republik Bayern. Seine neue Form der revolutionären Demokratie propagierte einen Dualismus zwischen Rätewesen und bestehendem Parlamentarismus, erfüllt von der idealistischen Wunschvorstellung, dass nämlich eine Revolution erstmalig im Laufe der Geschichte Idee und Wirklichkeit zu vereinen vermochte und dabei ohne Gewalt und Blutvergießen auskommen könne.

Die **Experimente** des Interregnums und der beiden Münchner Räterepubliken wurden zu jenem Zeitpunkt gewagt, als auf Reichsebene die entscheidenden Würfel längst gefallen waren und die Machtverteilung nahezu als unwiderruflich entschieden galt (Ay, 1968). Warum der revolutionäre Impetus in Anlehnung an ein Zitat von Gustav Landauer, „ein Traum blieb", soll in den folgenden Kapiteln gezeigt werden.

Die vorliegende Ausgabe, mit Bilddokumenten ergänzt, richtet sich an ein breites und hoffentlich interessiertes Publikum.

Ernst Gusenbauer — Ried, im Frühjahr 2019

Vorspann 1: Die Rätebewegung – Entstehung, Erscheinungsbild, Positionen

Die Liste jener deutscher HistorikerInnen, die sich mit der Entstehung der Rätebewegung, ihrem Erscheinungsbild und den Erfolgschancen als Alternative zur parlamentarischen Demokratie auseinandergesetzt haben, ist durchaus lang und bemerkenswert.

Eberhard Kolb beispielsweise befasste sich eingehend mit dem Erscheinungsbild der Räte und wollte zudem die realen Bedingungen ihres Handelns näher untersuchen. Zum einen ging er der Frage nach, in welchem Maße die Arbeiterräte Instrumente im Kampf um die Macht im Staate darstellten und vor allem welche Ziele sie verfolgten. Zum anderen wollte er ergründen, ob die Arbeiterräte zu Integrationsorganen einer von der Bevölkerung getragenen Demokratie taugten. Sein Resümee beinhaltete eine scharfe Kritik an der MSPD-Politik, da sie die Chance vertan habe, unmittelbare Demokratisierung der Verwaltung mit Hilfe der Räte zu verwirklichen. Sie hätte aufgrund ihrer Einsicht, dass die Demokratisierung der Verwaltung ein Schlüssel zur staatlichen Umgestaltung sei, sehr wohl Räte zur Sicherung eines demokratischen Staatsfundaments heranziehen können (1962, S. 404-409). Räte waren aufgrund der „grandiosen Willenslähmung der staatlichen Ordnungsmacht" (1984, S. 6) durch zwei durchgängige charakterliche Merkmale gekennzeichnet:

Erstens: Dem Improvisationscharakter – es gab noch keine klaren Vorstellungen von Charakter, Aufgaben und Funktion der Räte. Es fehlte zudem eine durchgängige Leitvorstellung. Erst später sei eine „politische Bewusstwerdung" (1962, S. 86) erfolgt.

Zweitens: Dem Kompromisscharakter – es fand (noch) kein Machtkampf auf der Linken statt. Unter dem Druck der Massen gab es häufig einen Kompromiss zwischen örtlicher MSPD und USPD unter dem Gesichtspunkt der Parität und Einheit. Das Beispiel Bayern zeigt aber augenscheinlich, dass dieses Verhältnis gespannt und mehr als durchwachsen war und dass sich die Mehrheitssozialdemokraten schließlich, beim ultimativen Showdown, als alles auf eine Entscheidung drängte, auf die Seite der Gegenrevolution schlugen.

Von Eberhard Kolb stammt überdies die Unterscheidung in radikale und demokratische Arbeiterräte (1962, S. 285-286). Den Kriterien seiner Typologie zufolge zeichneten sich die radikalen Arbeiterräte durch drei hervorstechende Merkmale aus. In den allermeisten Fällen bestanden ihre Träger aus Mitgliedern des linken Flügels der USPD und der KPD sowie verschiedener anderer linksradikaler Richtungen. Ihre Machtausübung war vom Versuch geprägt, strenge Kontrolle und Autorität über den jeweiligen Verwaltungsapparat und das Pressewesen auszuüben. Zumeist versagten sie aber dort, wo es darum ging, öffentliche Ruhe und Ordnung zu schaffen. Radikale Räte betrachteten sich als institutionellen Dauerzustand und lehnten den Parlamentarismus ab. Diesen Intentionen werden die demokratischen Arbeiterräte gegenübergestellt. Ihre Träger kamen überwiegend aus der MSPD oder waren Mitglieder des rechten Flügels der USPD. Sie beschränkten sich aus eigenem Entschluss vorwiegend auf die Kontrolle der Verwaltungsdistanzen, setzten sich aber gleichzeitig für eine Demokratisierung der Verwaltung ein. Demokratische Räte betrachteten sich jedoch häufig als interimistische Lösung, die mit dem Zusammentritt des Parlaments enden sollte. Letztendlich entfaltete sich die fatale Wirkung des praktischen Unvermögens der radikalen Räte, spätestens dann, als sie versuchten, als Staatsorgane aufzutreten. Für die demokratischen Räte galt wiederum, dass sie im Zuge der zweiten Phase der Revolution vielerorts durchaus auf ihr Weiterbestehen drängten.

Kolb verwendet außerdem den Begriff Räterepublik nur für die von radikalen Räten propagierte Staatsform. Sie war von einer Alleinherrschaft der Räte gekennzeichnet unter bewusster und dauernder Ausschaltung parlamentarischer Institutionen (1962, S. 325–385).

Anhand der Räterepubliken in Bremen und München lassen sich vergleichende Kennzeichen dieser Form radikaler Räteherrschaft ausfindig machen. Das besondere Kennzeichen dieser Räterepubliken war zunächst der „pathetische Akt“ (1962, S. 327) ihrer Ausrufung. Es gab jedoch keine organisatorischen Vorarbeiten, keine grundlegenden Planungen personeller oder prinzipieller Art und schon gar keine einheitliche Geschlossenheit. Kolb prägte dafür den Begriff der „improvisierten Räterepublik" (1962, S. 327). Die als oberste Spitze eingesetzten Rätegremien proklamierten verschiedene Maßnahmen wie Sozialisierung, Schaffung einer Roten Armee, scharfe Kontrolle der Presse und errichteten in München sogar ein Revolutionstribunal. Die Ausführung scheiterte jedoch zumeist an der Unmöglichkeit, die alte Bürokratie auf einen Schlag zu ersetzen, Differenzen zu überbrücken, aber vor allem an der Unfähigkeit, Sicherheit und Ordnung zu gewährleisten. Während der knapp dreiwöchigen räterepublikanischen Phase Bremens, so stellte Kolb ernüchtert fest, sei kein einzig nennenswerter Beschluss oder gar Erlass zustande gekommen (1962, S. 340). Am Beispiel Bayerns wird noch einmal auf diese zutreffende Charakterisierung zurückzukommen sein. Gerade dort wurde jedoch der Begriff Räterepublik zum erlösenden Ausweg aus einer als unlösbar empfundenen politischen, sozialen und wirtschaftlichen Situation.

Volker Arnold analysierte die verschiedenen Rätekonzepte von MSPD, USPD und KPD und stieß dabei sofort auf ein Hauptproblem. Alle jene Rätekonzepte, die nicht nur in Ansätzen stehen blieben, sondern sich zu Modellen verdichteten, wurden niemals in einer zusammenhängenden Form veröffentlicht. Zumeist ist man bei ihrer Rekonstruktion auf Reden, Proklamationen und Publikationen einzelner Parteiführer oder maßgeblicher Parteitheoretiker angewiesen. Wäre solcherart ein Kompromiss zwischen Rätebewegung und Parlamentarismus möglich gewesen? Sein eindeutiges Fazit: Die radikale Rätebewegung links von der MSPD und vom rechten Flügel der USPD wollte einerseits Maximalziele, wie die Alleinherrschaft der Räte. Andererseits gab es auch Minimalziele, wie die Einbindung der Räte in die Verfassung als Zeichen einer Reformpolitik. Da die MSPD-Führung die Revolution als Mittel einer neu zu schaffenden Gesellschaftsordnung strikt ablehnte, machte dieser unüberbrückbare Gegensatz schließlich einen Kompromiss, ob in Berlin oder Bayern, gänzlich unwahrscheinlich (Arnold 1985). Arnolds Drei-Phasenmodell orientierte sich an den Entwicklungsstadien der deutschen Rätebewegung. In der ersten Phase, November 1918 bis Dezember 1918, handelte es sich um eine Volksbewegung mit den Hauptforderungen nach Frieden und Ablösung der alten politischen Gewalten. Nach dem Rätekongress spaltete und radikalisierte sich jedoch die Bewegung und mündete in die 2. Phase, die von Dezember 1918 bis Mai 1919 andauerte. Jetzt tritt sie als Klassenbewegung auf. Während dieses Zeitraumes fand auch die Gründung von Räterepubliken statt. Der Protest gegen den bisherigen Revolutionsverlauf vermengte sich mit dem Versuch, gefallene politische Entscheidungen zu revidieren. Die Streikbewegung des Frühjahres kann dafür als Beispiel herangezogen werden. Nach dem Scheitern dieser revolutionären Protestbewegung entwickelte sich schließlich die dritte Phase, in der vorrangig der Kampf um ein Betriebsrätegesetz im Mittelpunkt stand. Diese Phase umfasste die Zeitspanne von Juni 1919 bis zum Frühjahr 1920 (1985, S. 58-60). In diesem Zeitraum kam es auch zur Etablierung der beiden bayerischen Räterepubliken. Was Bayern anbelangt, so bezeichnet Arnold bereits die Regierungszeit Eisners als rationelle Räterepublik (1985, S. 247-252). Er argumentiert dabei einerseits mit dessen geistig-ideeller Konzeption einer Rätedemokratie, die durchgängig als Gestaltungsmotiv seiner Politik in Erscheinung trat. Andererseits fungierten die im Laufe der Revolution entstandenen Rätegremien bis Anfang Dezember nominell als oberste Instanz in Bayern.

Karl Dietrich Erdmann sah das Ende der Rätebewegung nicht darin begründet, weil das Ausbleiben der sozialen Revolution und die verabsäumte Einsetzung von Räteorganen anstelle des alten Herrschaftsapparates früh den Untergang heraufbeschworen habe (in VfZ 1/1955, S. 6). Vielmehr müsse von einer echten geschichtlichen Entscheidungssituation ausgegangen werden, in der es nur eine Entweder-Oder-Situation gegeben habe: Proletarische Rätediktatur oder aber bürgerlich-parlamentarische Republik (1955, S. 7).

Helmut Heiber hingegen sieht in der Entscheidung für eine demokratische Republik und gegen eine revolutionäre Räteherrschaft den damals einzig vernünftigen und daher pragmatischen Weg zur Errichtung eines demokratischen Staatswesens (1975, S. 21-22).

Hans Ulrich Wehler bringt einen weiter ausgreifenden Aspekt im Verhältnis von Rätebewegung und/oder parlamentarischer Republik ins Spiel. Im Zentrum seiner Betrachtungen steht das Rätesystem als mögliche dritte Alternative zwischen bürgerlich-parlamentarischer Republik und der späteren nationalsozialistischen Diktatur. Räte traten zunächst als Kampf- und Herrschaftsmittel einer oppositionellen Massenbewegung auf, mit durchaus improvisiertem und spontanem Erscheinungsbild. Nach Wehler empfand sich jedoch der größte Teil als

Übergangslösung für den zu erwartenden Neuaufbau der Demokratie (2003, S. 206). Wie aber konnte dieser dritte Weg aussehen? MSPD und USPD hätten unter Zuhilfenahme der Rätebewegung den Staat und die Wirtschaft demokratisch umbauen und damit dem Ziele einer sozialen Demokratie sehr nahe kommen können. Diese Option war jedoch von vornherein verbaut, da die MSPD als stärkste Kraft der Arbeiterbewegung dazu gar nicht bereit gewesen sei. Die Partei verstand sich bloß als Statthalter einer künftigen Demokratie, die aus freien Wahlen hervorgehen sollte und war einseitig auf eine Gefahr von links fixiert (2003, S. 208-209).

Für Kolb hingegen ist die Entwicklung der Rätebewegung zumindest in den Anfängen offen und die allgemeine politische Lage durch eine gewisse Plastizität (1962, S. 9) gekennzeichnet. Allerdings warnt er in diesem Zusammenhang vor einem allzu leichtfertigen Gebrauch des Terminus „Revolution" und spricht sich stattdessen für die Verwendung der Begriffe „revolutionäre Bewegung", „Staatsumsturz" oder „revolutionäre Ereignisse" (1962, S. 405) aus.

Karl-Ludwig Ay bezeichnet die deutsche Entwicklung im November 1918 nur als das „Bruchstück einer Revolution" (1968, S. 10). Das galt auch für Bayern und stellte sich letztendlich als zu große Bürde für eine aus der Revolution geborene Institution wie die Räte heraus. Die alte Staatsordnung überstand den Umsturz in der Zusammensetzung der alten Beamtenschaft nahezu ohne Schaden und die maßgeblichen politischen Parteien Bayerns favorisierten die parlamentarische Demokratie.

Peter von Oertzen sieht die Hauptschwäche der Vorstellungen von einer Rätedemokratie vor allem in der „Verschwommenheit der Begriffe [...] und phrasenhaften Allgemeinheit" (1976, S. 90) über das, was Rätedemokratie zu sein habe.

Die KPD (Kommunisten) hatte dagegen eine klare Vorstellung davon, welche Zielrichtung der Begriff Rätedemokratie beinhalten sollte, nämlich die Diktatur des Proletariats, allerdings im Sinne Lenins unter Anleitung einer „kampfgestählten Partei" (1976, S. 98). Dies hätte letztendlich nicht nur den vollkommenen Ausschluss aller anderen Bevölkerungsgruppen von Rätewahlen bedeutet, sondern musste auch zur kommunistischen Vorherrschaft in allen Bereichen führen. Genau diese Strategie verfolgten sie im Rahmen der 2. Räterepublik, allerdings glücklos, wie sich kurz danach herausstellte.

Abb. 1 „Spartakusaufstand" in Berlin im Jänner 1919

Vorspann 2: Modelle der Rätedemokratie

Der Modellbegriff stammt aus der empirischen Wissenschaft und wird dort als „stilisierende, idealtypische und bewusst vereinfachende (Re)Konstruktion der Wirklichkeit" (Nohlen/Schultze 2002, S. 547) oder zumindest von Teilbereichen daraus verstanden. In der Praxis wird jedoch die Realität nie in ihrer Gesamtheit erfasst. Es stellt sich nämlich die allgemeine Frage, inwieweit ein Modell reale Entwicklungen bzw. Prozesse abzubilden imstande ist. Daher kann ein Modell immer nur der Veranschaulichung dienen und müsste erst in der Realität den „Elchtest" bestehen.

Im allgemeinen Sprachgebrauch werden Räte als kollektive Organe bzw. Körperschaften mit beschließender oder beratender Funktion bezeichnet, die sowohl durch Wahl als auch durch Ernennung eingesetzt sind (Oertzen 1976). Vor allem die Politikwissenschaft betrachtet in kritischer Weise Begriffe wie Räte, Rätewesen und die Merkmale und Funktionen eines Rätesystems auf institutioneller Ebene. Im Zentrum der Betrachtungen steht dabei zunächst das direkt-demokratische Grundprinzip, demzufolge die Gesellschaft ihre Willensbildungs- und die Entscheidungsprozesse von unten nach oben zu entwickeln habe.

Dabei sind folgende Grundmerkmale hervorzuheben:

Die Wählerschaft organisiert sich in Basiseinheiten, hier vor allem als Betriebs-, Wohn- und Verwaltungseinheit. Innerhalb dieser Urwählerschaft bildet und artikuliert sich der allgemeine politische Wille. Entgegen der Praxis des herkömmlichen Parlamentarismus geht die Rätebewegung vom Gedanken aus, dass alle gesellschaftlich bedeutenden Positionen durch die direkte Wahl auf unterster Stufe des Organisationsschemas, auf allen folgenden Stufen durch indirekte Wahl besetzt werden sollten. Die gewählten Delegierten sind der Urwählerschaft in ihren Entscheidungen voll verantwortlich und strikt an den Wählerauftrag gebunden (imperatives Mandat). Dies bedeutet eine dauernde Kontrolle durch permanente Rechenschaftsberichte in den Basiseinheiten sowie die Möglichkeit der sofortigen Abberufung (recall) durch diese Kontrollinstanz. Angestrebt wird sodann die ehrenamtliche Tätigkeit aller Funktionsträger. Gefordert wird überdies die Ämterrotation, um häufige Wiederwahl und die damit möglicherweise verbundene Machtanhäufung und Korruption zu vermeiden.

Die MSPD lehnte die politische Funktion der Räte rundweg ab. Die wirtschaftlichen Kompetenzen beschränkten sich aus ihrer Sicht auf eine beratende und begutachtende Funktion, eine beschließende Kompetenz war ausdrücklich nicht vorgesehen. Dennoch entwickelten „Parteilinke" ein Modell, das im Rahmen von mehreren rein theoretischen Abhandlungen (Arnold 1985) veröffentlicht und im Antrag auf dem 2. Rätekongress in Berlin zusammenhängend erstmals formuliert wurde. Welche wesentlichen Grundprinzipien weist dieses Modell auf?

Auf der untersten Stufe erfolgt in den Betrieben, unabhängig von Gewerkschaften, Partei und Betriebsräten, die Wahl der Arbeiterdelegierten zu den Produktionsräten. In diesem Gremium aber sitzen auch die Unternehmer (Betriebsleiter) paritätisch aufgeteilt. Diese Produktionsräte der einzelnen Gewerbezweige bilden sich in der kleinsten Einheit der Gemeinde. Ab Kreisebene werden die Produktionsräte der einzelnen Gewerbe zu einem Zentralproduktionsrat zusammengeschlossen. Innerhalb jedes Produktionsrates werden wiederum Delegierte in die Kammern der Arbeit entsendet, die ihrerseits ebenfalls auf allen Stufen gebildet werden. Bereits auf territorialer Ebene agieren die Kammern der Arbeit neben der Volkskammer = normales Parlament als gleichberechtigte zweite Kammer, in der alle am Produktionsprozess Beteiligten ihre Anliegen vorbringen. Die Aufgaben dieser Kammern auf höherer Ebene sind die gleichberechtigte Zusammenarbeit mit der Volkskammer in Fragen der Gesetzgebung sowie die Einbringung von Wirtschaftsgesetzen. Hier wird den Kammern der Arbeit vorrangig die Mitwirkung an der Sozialisierung zugeordnet. Wirtschaftsgesetze sollten ihr sogar vorrangig zugehen.

Innerhalb des USPD wiederum entstand eine Reihe von Vorstellungen, die erst nachträglich zu Modellen zusammengefasst wurden (Arnold 1985). Von Seiten des Parteivorstandes um Hugo Haase und Wilhelm Dittmann gingen die Konzepte aus, die eine Verbindung von Räten und Parlamentarismus vorsahen. Man hielt an der Vorstellung des freien und gleichen Wahlrechts fest und dies galt auch für die verfassungspolitische Verankerung der Demokratie, gleichzeitig traf man sich in der Einsicht, dass Räte ein wichtiges Instrument der Sozialisierung seien. Es war Hugo Haase, der auf dem März-Parteitag pathetisch verkündete, dass Räte „... unentbehrlich für die Durchführung der Sozialisierung" (Oertzen 1976, S. 200) seien. Solcherart entstünden „kontrollierte Räte", die nicht unbeschränkt herrschen und agieren konnten. Heinrich Ströbel erläutert diese Sichtweise im Mai 1919: „So willkommen, so notwendig das Rätesystem als Regierungs- und Verwaltungsorgan neben dem Parlament ist, so bedenklich wird es dem kritisch Prüfenden als einziges Organ der Legislative und Exekutive" (Gottschalch 1978, S. 96). Die Gefahren einer unkontrollierten Räteherrschaft sah er im möglichen Einfluss von skrupellosen Demagogen und politischen Glücksrittern. Auch der USPD-Politiker Rudolf Hilferding hatte sich schon im November gegen eine unbeschränkte Fortdauer der Räteherrschaft ausgesprochen, die nämlich in letzter Konsequenz alle anderen Schichten der Gesellschaft von der politischen Mitbestimmung ausschließen würde und stellte sogleich die Gefahr eines Bürgerkriegs in den Raum: „Kann man glauben, dass diese Kreise sich das widerstandslos gefallen ließen?" (Arnold 1985, S. 367). Hilferding und seine Mitstreiter Ströbel und Breitscheid waren dann maßgeblich an der Konzeption eines Modells beteiligt, dass im Laufe des Frühjahres 1919 entstand und auf dem 2. Rätekongresses, der vom 8. Mai bis zum 14. April 1919 in Berlin stattfand, präsentiert wurde. Da war allerdings die 1. Räterepublik in Bayern schon ausgerufen und die 2. Räterepublik als Folge eines missglückten Gegenputsches gerade im Entstehen begriffen.

„Alle Macht den Räten!" lautete die Hauptparole der Spartakisten/Kommunisten, unter der sie seit dem Spätherbst 1918 zu Massenaktionen aufriefen. Gleichzeitig aber stand neben putschartigen Aktionen die Forderung im Raum, anstelle der alten Staatsorgane revolutionäre Räteinstitutionen einzurichten, denn ein Punkt im Parteiprogramm legte die „Beseitigung aller Parlamente und Übernahme ihrer Funktionen durch Arbeiter- und Soldatenräte sowie deren Ausschüsse und Organe" (Ritter/Miller 1975, S. 330 ff) unmissverständlich fest. In einem Leitartikel der „Roten Fahne" vom 18.11.1918 hatte die radikale Wortführerin Rosa Luxemburg die Aufgaben der politischen Räte bereits fest umrissen: Schaffung einer ständig tagenden Volksversammlung als Träger der Staatsgewalt, die zugleich eine permanente revolutionäre

Stimmung erzeugen sollte. Die Frage des Wahlrechtes wurde im Sinne des Klassenwahlrechts geregelt. Man ging daher davon aus, dass nur einfache Soldaten, die Arbeiter der Betriebe und Landarbeiter sowie Kleinbauern wählen durften. Sie verfügten dabei über das aktive und passive Wahlrecht (Gottschalch 1978).

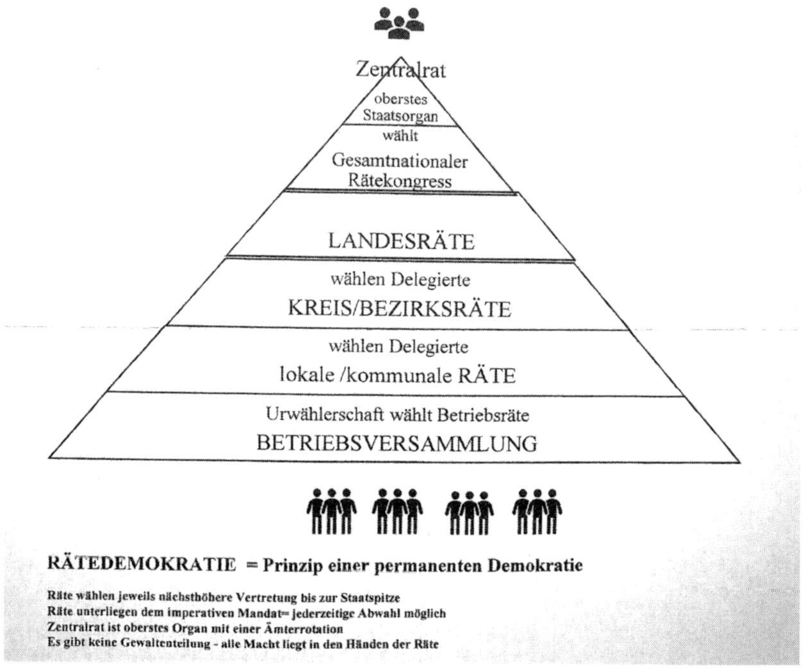

Abb. 2 Grundmuster deutscher Rätemodelle 1918/19

Der bayerische Kommunist Max Levien skizzierte auf dem 1. Gesamtbayerischen Rätekongress ein mögliches Grundmuster der politischen Räte aus Sicht der Kommunisten (STB o. D., S. 41-46): Die zuvor genannten Basisgruppen wählen auf kommunaler Ebene die betreffenden Arbeiter-, Soldaten- und Bauernräte und bilden zugleich einen Vollzugsausschuss. Die kommunalen Arbeiter-, Soldaten- und Bauernräte wählen wiederum Delegierte auf einer nächsthöheren Ebene im Bereich der Kreise und Bezirke. Auch ist ein Vollzugsausschuss zu installieren. Jede Ebene erhält volle Exekutiv- und Legislativgewalt. Dazu kommen auf allen Ebenen das Recall-Prinzip und das imperative Mandat. Den Delegierten der untersten Organisationsstufe ist es vorbehalten die Delegierten für den Rätekongress zu wählen, der mindestens alle drei Monate tagen soll. Der Rätekongress schließlich kontrolliert und wählt den obersten Vollzugsrat, der wiederum bestimmte Kommissariate einrichten sollte.

Vorspann 3: Die „Bayerische Räterepublik" in der zeitgeschichtlichen Forschung

In den 1960er und 1970er Jahren des 20. Jahrhunderts sind zunächst eine Reihe von Publikationen, die die „Bayerische Revolution" und die beiden Räterepubliken aus verschiedensten Blickwinkeln thematisierten. In der Mitte des neuen Jahrzehnts des 21. Jahrhunderts, etwa seit 2015, nahm dann die Beschäftigung mit diesem spannenden Kapitel deutscher, aber auch bayerischer Geschichte neue Fahrt auf.

Aber bereits im Jahr der Niederschlagung der Räterepublik, also 1919, beschäftigten sich die Erinnerungen des Münchner Stadtrates Gerstl unter dem Titel „Die Räte-Republik des Zentralrates" mit den Ereignissen, brauchbar freilich mehr als Quelle denn als analysierende Darstellung (Seligmann 1998). 1929 erschien im Berliner Fanal-Verlag Erich Mühsams Rechenschaftsbericht „Von Eisner bis Levine". Der Bericht gewinnt in zweifacher Form an Bedeutung. Er ermöglicht einen Einblick in die unmittelbaren Aktionsfelder des Revolutionären Arbeiterrates und bietet zugleich ein anschauliches Stimmungsbild des durch die Radikalen aufgeheizten Klimas. Mühsams Beurteilung der Räterepublik weist ihn zugleich als einen reumütig Bekehrten aus, denn er distanziert sich nachhaltig von der „Zusammenarbeit mit den Parteikommunisten" (1978, S. 14), deren kontraproduktiver agitatorischer Wühlarbeit er das Scheitern der 1. Räterepublik zuschreibt. Das Eisnerbild Mühsams ist von Brüchen gekennzeichnet. Zwar billigt er Eisner eine von Idealismus und ehrlichem Bemühen getragene Haltung in der Rätefrage zu, doch habe sich dieser von den Auerochsen (MSPD, Anm. des Verfassers) gänzlich über den Tisch ziehen lassen. Er nennt drei Grundfehler, welche der Errichtung der 1. Räterepublik vorausgingen. Sie sei ohne genügende Vorbereitung, ohne genügenden militärischen Schutz und ohne genügende organisatorische Bereitschaft ausgerufen worden. Ganz im Gegenteil, es hätte alles fix und fertig sein müssen. Damit wäre der Hauptfehler einer „überstürzten Proklamation“ (S. 69) vermieden worden. Allerdings reicht Mühsams Darstellung nur bis zum Ende der 1. Räterepublik, da er im Zuge der gegenrevolutionären Aktion verhaftet wurde.

Artur Rosenbergs „Geschichte der Weimarer Republik“, 1935 im Exil veröffentlicht, weist auf die Mitarbeit vieler SPD-Mitglieder im Rahmen der bayerischen Rätebewegung hin, geht aber ansonsten nicht näher auf die Räterepublik ein (Seligmann 1998). Während der nationalsozialistischen Zeit wurden einige Pamphlete gedruckt und veröffentlicht, die vorrangig unter Titeln wie „Rotmord über München“ die Abwehr des Bolschewismus verherrlichten. Aus den 50er Jahren ist im Gegensatz zu einigen Publikationen aus konservativer Sicht Helmut Neubauers Untersuchung über „München und Moskau 1918/19“ von Bedeutung. Der Autor stellt darin die These auf, dass die bayerische Revolution keinesfalls das Machwerk dunkler ausländischer Insurgenten gewesen sei, sondern durchaus aus eigenständigem Antrieb erfolgte (Seligmann 1998). Eberhard Kolb befasste sich im Rahmen seiner Darstellung über die Arbeiterräte in der deutschen Innenpolitik aus dem Jahre 1962 mit dem Erscheinungsbild und den inneren Strukturen der bayerischen Räterepublik. Er sieht gleichzeitig die bayerische Entwicklung insgesamt als „Sonderfall“ (S. 332) an, die erst durch den Tod Eisners ihre radikale Hinwendung zur Räterepublik erfahren habe. Im Jahre 1967 erschien dann die deutschsprachige Ausgabe von Allan Mitchells „Revolution in Bavaria 1918/19“, eine auf umfangreichen Quellenrecherchen basierende Gesamtdarstellung in nicht-marxistischer Sichtweise. Dies gilt auch für die heutige Zeit, wenngleich etwa Roos Mitchells amerikanischen Hang zu simplifizierender Darstellung kritisiert. Die Beurteilung Eisners fällt zwiespältig aus. Mitchell billigt Eisner die Absicht zu, die Revolution in maßvollen und friedlichen Bahnen verlaufen zu lassen. Er sei aber schließlich an der Umsetzung illusionärer und wirklichkeitsfremder Konzepte gescheitert. Im Übrigen bezeichnet der Autor den revolutionären Umsturz durch Eisner als „Putsch“ (1967, S. 80). Als Resümee der bayerischen Revolution stellt er drei Alternativen in den Raum:

Die Option einer dauerhaften Räterepublik – sie musste scheitern, da Bayern zu stark vom deutschen Gesamtstaat abhing. Die Möglichkeit einer Doppelherrschaft von Räten und Parlament – dies blieb ein großartiger, aber unrealisierbarer Plan, da er die bereitwillige Zusammenarbeit von Radikalen und Gemäßigten, Konservativen und Marxisten voraussetzte. Die Errichtung einer parlamentarischen Demokratie, die unweigerlich zum Ende der Rätebewegung führen musste – das wurde schließlich realisiert und die bayerische Verfassung vom August 1919 erfüllte die zentralen SPD-Forderungen aus der Vorkriegszeit.

Etwa zur selben Zeit wurden drei weitere Publikationen veröffentlicht, die vorrangig als Quellensammlung gedacht waren. Gerhard Schmolzes „Revolution und Räterepublik in München 1918/19 in Augenzeugenberichten“, die sich als Rückgriff auf die unmittelbaren Quellenzeugnisse einer hochkomplexen Ereigniskette versteht, Karl-Ludwigs Ays ausführliche Dokumentsammlung „Appelle einer Revolution“ und die von Erwin Münz und Ludwig Morenz 1968 herausgegebene Stadtchronik „Revolution und Räteherrschaft in München 1918/19“. Allerdings tritt hier an die Stelle einer fundierten Bearbeitung, die „sachlich unvoreingenommene Beurteilung jener Zeit“ (S. 5).

Sebastian Haffners Opus „Die Deutsche Revolution 1918/19“ (1979) widmet den Vorgängen in Bayern ein umfangreiches Kapitel (S. 169-189 – Ausgabe 1981) und weiß mit scheinbar bestechender Klarheit die wahren Schuldigen am Untergang der Räterepublik zu verorten, nämlich die allzu kompromissbereite Sozialdemokratie.

Die voluminöse und 1988 (711 Seiten) in erster Auflage in Buchform erschienene Dissertation von Michael Seligmann „Aufstand der Räte“ will nach den Intentionen des Autors, „die unwichtigen unter den Strukturen der Geschichte zum Verschwinden gebrachten kleinen Einzelheiten als Mosaiksteine für das Gesamtbild verwerten“ (S. 40 – Ausgabe 1998). Sie versucht ferner einen Beitrag zur Erhellung der Radikalisierungsprozesse innerhalb der bayerischen Rätebewegung zu leisten. Die Entwicklungstendenzen vom Ausbruch der Revolution bis zum Ende der 1. Räterepublik werden ausführlich abgehandelt. Von wesentlicher Bedeutung erscheint hierbei, dass die ansonsten häufig zu beobachtende Konzentration auf das Revolutionszentrum München zugunsten einer umfangreichen Darstellung der regionalen und lokalen Gegebenheiten aufgegeben wird. Dies gilt besonders für die Ausrufung der Räterepublik. Folgendes Fazit wird von Seligmann gezogen:

Die Räterepublik wurde ausgerufen als letzter verzweifelter Protest der Rätebewegung gegen eine unumkehrbare Entwicklung, die von Berlin ausging (S. 51). Der Entscheidungsprozess für eine Räterepublik vollzog sich nicht geradlinig. Die Massenbasis der Befürworter einer Räterepublik ist im städtisch-proletarischen Umfeld zu suchen. Die Ausrufung der Räterepublik war jedoch nicht die Aktion einiger weniger Männer, sondern entwickelte sich aus der radikalisierten Massenstimmung seit Ende Februar (S. 45-50). Damit gelangt Seligmann zu einer ähnlichen Schlussfolgerung wie Kolb.

Die 1998 publizierte Darstellung von Walter Roos „Die Rote Armee der Bayerischen Republik" konzentriert sich hauptsächlich auf die militärische Komponente der bayerischen Revolution, legt aber auch hier das Dilemma der Rätebewegung offen: Revolutionärer Wille und Begeisterung konnten mangelnde fachliche und organisatorische Erfahrung in keiner Weise ersetzen (S. 123-124). Aus dem gleichen Jahr datiert die deutsche Ausgabe von David Clay Large Opus „Hitlers München", indem er ein ganzes Kapitel dem „Roten München" widmet. Anlässlich des 90-jährigen Gedenkens an die Bayerische Revolution und einer dazu konzipierten Ausstellung in München, wurde 2008 eine Publikation aus der Schriftenreihe des Hauses der Bayerischen Geschichte unter dem Titel „Revolution! Bayern 1918/19" aufgelegt. Darin wurden nicht nur die führenden Repräsentanten porträtiert, sondern auch die vier Etappen der bayerischen Revolution eingehend analysiert. Ab dem Jahre 2015 kamen dann fast im Jahresrhythmus Bücher zur Bayerischen Revolution auf den Markt. Victor Klemperers (Revolutions)Tagebuch „Man möchte immer weinen und lachen in einem" ist ein hervorragender Augenzeugenbericht, der die Ereignisse in München zwischen November 1918 und April 1919 ironisch-kritisch kommentiert. Simon Schaupps 2017 veröffentlichtes Tagebuch einer bayerischen Revolution „Der kurze Frühling der Räterepublik" bietet eine lebendige Chronik Tag für Tag, indem zwei führende Protagonisten der Revolution, Erich Mühsam und Ernst Toller, sowie die junge Sozialrevolutionärin Hilde Kramer im Mittelpunkt stehen. Im abgelaufenen Jahr 2018 erfolgte durch Michael Appel mit „Die letzte Nacht der Monarchie" eine neue Sichtweise auf die Ereignisse in Bayern vor exakt hundert Jahren. Unter Einbeziehung konservativer, aber auch revolutionärer „Zeitzeugen" (Josef Hofmiller, Carl-Alexander von Müller und Oskar Maria Graf) entfaltet sich ein eindrückliches Panorama einer aus allen Fugen geratenen Zeit, in der das grandiose Scheitern politischer Verheißungen schließlich in ein dunkles Zeitalter führte. Zeitgleich nimmt Robert Gerwarth in „Die grösste aller

Revolutionen" den November 1918 unter die Lupe und zollt dabei den revolutionären Umbrüchen in Bayern die gebührende Aufmerksamkeit.

Vorspann 4: Die bayerischen Arbeiter-, Soldaten- und Bauernräte

Revolutionäre Räte entstanden nach dem 7. November nahezu in jeder größeren bayrischen Stadt und darüber hinaus in fast allen Regierungsbezirken bis hin zu den kleinsten Gemeinden. Der Begriff revolutionäre Räte fungiert hier im Sinne einer wirklich neuen Institution, die es in dieser Form in der politischen Geschichte Bayerns und des Reiches noch nicht gegeben hatte. Im Gegensatz dazu verengt beispielsweise Eberhard Kolb diesen Begriff auf jene Gruppen, die in ständigem und unmittelbarem Kontakt mit Arbeitern von Großbetrieben standen (1962, S. 287-323).

Die Bildung von Räten geschah keineswegs überall nach einem einheitlichen Muster, wenngleich auch hier im Großen und Ganzen jene Formen festzustellen sind, die in einem vorangegangenen Kapitel bereits genannt wurden. Einige ausgewählte Beispiele sollen hier vorgestellt werden. In Augsburg ging die Bewegung von Arbeitern der „Maschinenfabrik Augsburg – Nürnberg" (MAN) und Soldaten des III. Infanterieregiments aus. Nach einigem Zögern wurde von der SPD eine Großversammlung einberufen, auf der ein aus 27 SPD-Mitgliedern bestehender Arbeiterrat gewählt wurde. Erst fünf Tage später wurden drei Mitglieder der USPD in den Arbeiterrat aufgenommen. In Rosenheim fand am 8. November eine von etwa tausend Teilnehmern besuchte Großkundgebung statt, bei dem ein Volks- und Soldatenrat gebildet wurde, dem auch Bürgerliche und Magistratsbedienstete des alten Beamtenapparats angehörten. Das Rätegremium sollte „vorläufig die Geschäfte der bisherigen Regierungsgewalt" (Kolb 1962, S. 89) übernehmen. In Nürnberg traten USPD und SPD in gemeinsame Verhandlungen über die Bildung eines Arbeiter- und Soldatenrates ein. Noch am Abend sollte eine Großversammlung der Arbeiter einberufen werden, um das Abkommen zu bestätigen. Von Bedeutung war aber der sich spontan und schnell vollziehende Anschluss der Soldaten an die revolutionäre Bewegung. In allen Kasernen wurden Offiziere abgesetzt und Soldatenräte gewählt. In weiterer Folge wurden politische Gefangene befreit sowie die öffentlichen Verkehrsanstalten und das militärische Generalkommando besetzt. Daraufhin bildeten Funktionäre der beiden Parteien bereits am Nachmittag einen Arbeiter- und Soldatenrat. In Fürth bildeten die beiden sozialistischen Parteien nach zuvor erfolgter Einigung einen Arbeiter- und Soldatenrat, der auf einer großen Versammlung am Abend des 8. November bestätigt wurde und ohne größere Schwierigkeiten die Übernahme der Leitung der lokalen Verwaltung proklamierte.

In Kempten im Allgäu wiederum wurde am 8. November in einer großen öffentlichen Volksversammlung eine Arbeiter-, Soldaten- und Bauernrat gewählt, der aus je zehn Arbeitern, Soldaten und Bauern bestand. Die Bildung von Räten in den ländlichen Regionen stieß oftmals auf hartnäckigen Widerstand der alten konservativen Eliten und Honoratioren. In vielen Fällen wurden von der alten Führungsschicht eigenständige Ernennungen oder Wahlen zu sogenannten Arbeiter- und Bauernräten durchgeführt, mit dem klaren Ziel, weiterhin ihre lokale Machtstellung zu behaupten. Räte agierten auf lokaler Ebene in zweifacher Form. Einerseits drängten sie „alte“ Beamte aus ihren Ämtern, dies wurde besonders nach dem Auer-Erlass als ein Übergriff gesehen. Andererseits arbeiteten sie und dies war viel häufiger der Fall verträglich mit ihnen zusammen. Die Beaufsichtigungs- und Kontrollfunktion rangierte dabei an oberster Stelle (Mitchell 1967, S. 131). Sie engagierten sich, sofern man es zuließ, gemäß den Richtlinien in jenen Bereichen der Lokalverwaltung, die von dieser nur mangelhaft ausgefüllt werden konnte. Das waren vor allem die Probleme der Lebensmittelversorgung, die Bekämpfung des Schleichhandels und die Lösung der Wohnungsnot.

Am 13. November 1918 erging von Seiten der Regierung (Münz/Morenz 1968) die Aufforderung an die Münchner Arbeiterschaft, einen eigenen Arbeiterrat zu wählen. Das Ergebnis der Betriebsratswahl brachte einen deutlichen Einfluss der sozialdemokratischen Gewerkschaftsmitglieder, die auch sogleich die Leitung des Münchner Arbeiterrats (MAR) übernahmen. Er hatte dabei von Anbeginn mit der Konkurrenz des seit dem 8. November existierenden RAR (Revolutionärer Arbeiterrat) zu rechnen. Dieser nahm für sich in Anspruch, maßgeblich an der Organisierung der Münchner Betriebsräte beteiligt gewesen zu sein. Mitte November erzwang der MAR jedoch eine besondere Regelung: Der Revolutionäre Arbeiterrat war auf 50 Mitglieder zu beschränken und musste sich dem MAR anschließen (Mühsam 1978). Der Landesarbeiterrat, der 210 Mitglieder umfasste, wählte schließlich 50 Delegierte für den „Provisorischen Nationalrat" und gleichzeitig die Delegierten des für Mitte Dezember anstehenden 1. Reichsrätekongresses. Nur unter Vorbehalt und aufgrund der Interventionen von Eisner stimmte die Versammlung einem Kompromiss zu, der 10 RAR-Mitglieder für den „Provisorischen Nationalrat" berücksichtigte. Die Entscheidungen im Münchner Arbeiterrat und darauffolgend im Landesarbeiterrat verweisen auf zwei besondere Kennzeichen der bayerischen Arbeiterräte. Die starke Präsenz der Münchner Arbeiterräte, sie stellten im Landesarbeiterrat die zweithöchste Delegiertenzahl, und die unverhältnismäßig hoch angesetzte Beteiligung des RAR in verschiedenen Rätegremien.

Der Auftakt zur Gründung von Bauernräten erfolgte am 8. November mit einem von Eisner und Gandorfer unterzeichneten Aufruf an die Landbevölkerung, der gleichzeitig mit der Bitte verbunden war, „die Städte reichlich mit Lebensmitteln zu versorgen" (Ay 1968, S. 19). Einen schweren Rückschlag erfuhren allerdings die Bemühungen, als Gandorfer während seiner Werbefahrt mit dem Auto tödlich verunglückte. In aller Eile wurde sein Bruder Karl Gandorfer mit der Gründung eines Zentralbauernrates beauftragt. Der Zentralbauernrat in München war ein relativ einflussloses Gebilde. Seine Wirkungsmächtigkeit beschränkte sich auf die Funktion eines Ausgleichsamtes für Beschwerden der Bauern und als bäuerliche Interessensvertretung bei den Rätesitzungen in München. Hier trat nun das entscheidende Manko des Bayrischen Bauernbundes zutage. Er vertrat nur einen geringen Bruchteil der Landwirte und verfügte im Herbst 1918 nur über etwas mehr als 10.000 Mitglieder (Schade 1961). Gandorfers Organisation war nur in den Gebieten stark, in denen Mittel- und Kleinlandwirtschaften dominierten. Dort gelang es auch, eine halbwegs flächendeckende Anzahl von Bauernräten ins Leben zu rufen. So entwickelte sich ein Missverhältnis im Aufbau der Bauernräte. Es entstand ein Nord-Süd-Gefälle, bei dem nur Niederbayern, Oberbayern und Teile Schwabens über gut ausgebaute Räteorgane verfügten.

Die Soldatenräte versuchten die Interessen der einfachen Soldaten trotz der Einschränkungen durch Regierungserlasse nach besten Kräften zu vertreten.

Hatte sich seit der Revolution etwas geändert?

Gewiss, Soldaten konnten jetzt ungeniert den Uniformkragen offen lassen, während des Wachdienstes eine Mahlzeit einnehmen und brauchten die Offiziere in der Freizeit nicht mehr zu grüßen. In einer Aussendung des Soldatenrates hieß es sogar: „Die Offiziere kommen nicht als Eure Vorgesetzten wie früher, sondern sie kommen als Soldaten!" (Mitchell 1967, S. 129). Das Militärministerium hatte jedoch klar gemacht, dass die neue Zeit nun doch wiederum nicht alles zu verändern vermochte: Soldatenräte sollten sich tunlichst auf soziale Belange beschränken. Grobe Widersetzlichkeiten gab es höchstens in den ersten Tagen der Revolution und diese geschahen zumeist nicht in größeren Garnisonsstädten, sondern in kleinen Städten oder Ortschaften. Dort drangen vereinzelt Soldaten der naheliegenden Kaserne in das lokale Bürgermeisteramt ein. Allerdings hatte so mancher Soldat seine durchaus eigenwillige Interpretation von der neuen Ordnung und dabei war es für die Soldatenräte wiederum nicht einfach, ihre Autorität durchzusetzen. So geschehen in München, wo ein Soldat ohne ersichtlichen Grund auf ein Fenster des Münchner Regina-Hotels schoss. Als ihm daraufhin ein berittener Soldatenrat dies verbot, mischte sich ein Matrose mit breitem bayerischen Dialekt ein: „Jetzt hamma Revolution! [...] Jetz gibt's koan Obern und Untern mehr!" (Schmolze 1978, S. 134). Nachdem der Soldatenrat aber auf seinem Standpunkt beharrte, warf der Schütze fluchend das Gewehr zu Boden und entfernte sich vom Ort des Geschehens.

Im Zuge der bayerischen Rätebewegung sahen die Frauen ihre Stunde gekommen, um aus den starren Rollenklischees auszubrechen und neue Lebensentwürfe wählen zu können. Eine Möglichkeit dazu erschien in der Initiative, Frauenräte zu etablieren.

Am Sitzungstag des 6. März 1919 im Rahmen des Rätekongresses forderten Anita Augspurg und ihre Lebensgefährtin Lida Gustava Heymann die Errichtung von Frauenräten. Dieses Unterfangen war aber nur temporär gedacht, denn Augspurg verkündete gleichzeitig: „Ich hoffe, dass sie in fünf, zehn, fünfzehn Jahren wieder verschwinden können und dass die Frauen dann soweit politisch gebildet und interessiert sind, dass sie in den allgemeinen Arbeiter- und Bauernräten mitarbeiten und tätig werden." (Schaupp, 2017, S. 137). Da der Antrag nur von den Linksradikalen unterstützt wurde, blieb diese Initiative freilich noch ohne konkretes Ergebnis.

Abb. 3 Nationaltheater München, Tagungsort des 1. Rätekongresses

Abb. 4 ehem. Landtagsgebäude Prannerstraße 6, Tagungsort des 2. Rätekongresses

Protagonisten 1: Die bayerische Sozialdemokratie und die Rätebewegung

Das Haupthindernis für einen durchgreifenden Erfolg der bayerischen Rätebewegung wird vielfach in der staatskonservativen Haltung der „königlich-bayerischen" (Roos, 1998, S. 20) Sozialdemokratie gesehen. Andererseits ist diese Etikettierung voreilig und es scheint eine differenzierte Betrachtung angebracht (Schade, 1961, S. 30-33). Nicht Revolution und gewaltsamer Umsturz haben die Denkweise der verantwortlichen Parteiführer beherrscht, sondern die beständige Forderung nach einer grundlegenden Demokratisierung des Staatswesens.

Die Sozialdemokraten (MSPD) waren daher nur widerwillig in die Revolution (hinein)gestolpert. Als am 7. November 1918 auf der Theresienwiese die große Friedenskundgebung stattfand, marschierten die Sozialdemokraten in erster Linie deshalb mit, um für „geordnete Verhältnisse" zu sorgen. Dann aber wurden sie von der Dynamik der Ereignisse vollkommen überrascht, wie Felix Fechenbachs Augenzeugenbericht eindrücklich beweist: „[...] Es war keine alltägliche Kundgebung. Auf den Gesichtern lag Spannung. Man wußte: Heute geschieht Entscheidendes [...] Oben an der Bavaria, auf der großen Freitreppe stand Erhard Auer, der Führer der SPD; dann folgten die anderen Redner am Wiesenhang entlang [...] und weit unten stand Kurt Eisner, der Hauptredner der USP [...] Dann kommt Bewegung in die Massen. Die Soldaten ziehen hinter einer roten Fahne mitten durch die Menge zu Kurt Eisner[...]" (1929, S. 39ff).

Während die Sozialdemokraten mit ihren Anhängern unter Blasmusik durch die Stadt und zum Friedensengel zogen und die Parteiführung danach zum friedlichen Nachhausegehen aufforderte, riefen die Radikalen mit Eisner an der Spitze zum Kasernensturm und damit zur Revolution auf.

Abb. 5 Mathäserbräu München, hier wurde Kurt Eisner am Abend des 7. November 1918 zum Vorsitzenden des Arbeiter- und Soldatenrates gewählt

Welche Prägung erfuhren die im Rahmen der bayerischen Revolution agierenden und zugleich führenden SPD-Politiker?

Anhand dreier Beispiele kann der soziale Aufstieg einer Politikergeneration sehr anschaulich gezeigt werden, der sich allerdings ohne revolutionäre Begleitumstände vollzog.

Johannes Timm, der im Kabinett Eisner als Justizminister fungierte, war gelernter Schneider und stammte aus ärmlichen Verhältnissen. 1898 folgte er dem Ruf der bayrischen SPD und begann dort eine durchaus bemerkenswerte Parteikarriere. Auf dem Landesparteitag in Würzburg 1898 wird er mit der Ausarbeitung von Organisationsfragen betraut. Zugleich ist Timm in Verhandlungen über ein Wahlbündnis mit der Zentrumspartei involviert. Dieser von parteiinternen Gegnern kritisierte „Kuhhandel" (Schade, 1961, S. 23) trug aber zum Erfolg der Partei bei den nachfolgenden Landtagswahlen bei.

Albert Rosshaupter, der unter Eisner als Minister für militärische Angelegenheiten eine maßgebliche Rolle in der Auseinandersetzung mit den Soldatenräten spielte, wurde als Sohn eines Häuslers und Korbmachers in kleinen Verhältnissen geboren. Nach dem Besuch der Volksschule und zahlreicher Fortbildungskurse arbeitet er als Lackierergehilfe in München. Seit 1887 ist er Mitglied der SPD und bringt es dort bis zum leitenden Organisationsreferenten.

Erhard Auer, der große Gegenspieler Eisners während der Revolutionszeit, wurde als Sohn einer ledigen Näherin im niederbayerischen Dommelstadel bei Passau geboren. Nach dem Tod seiner Mutter wird der Elternlose als Dorfarmenkind erzogen und verdingt sich als landwirtschaftlicher Arbeiter im benachbarten Österreich. Im Juli 1900 wird er nach dem Besuch von Abendkursen Praktikant der Ortskrankenkasse in München und betätigt sich eifrig als Mitglied der SPD. Als ihn Georg von Vollmar entdeckt, beginnt sein Aufstieg in der Partei. 1907 kandidiert er auf einem sicheren Platz für die Landtagswahl und bereits ein Jahr später wird er Landessekretär der SPD und galt seither „als rechte Hand" (Schade, 1961, S. 26) des politischen Schwergewichts Vollmar.

Für den amerikanischen Historiker Allan Mitchell (1967, S. 124-151) erscheint die „revolutionäre Mitbeteiligung" von Männern wie Auer, Timm und Rosshaupter von einem einzigen Gedanken beherrscht, nämlich die Rätebewegung in geordnete Bahnen zu lenken und nach erfolgten Wahlen allmählich zum Verschwinden zu bringen – und damit befanden sie sich durchaus in Einklang mit der auf Reichsebene verfolgten Politik. Dies sei deshalb bemerkenswert, da die SPD in den gesamtbayerischen Rätegremien trotz zeitweilig radikalisierender Massenstimmungen die Mehrheit besaß. Dieses Phänomen wird auch von Kolb bekräftigt (1962, S. 332). Seligmann wiederum interpretiert die fürs Erste kurios erscheinenden Aktivitäten von SPD, die ja zunächst auf eine Ausrufung der 1. Räterepublik drängten, als veritablen Versuch, eine scheinbar aus den Fugen geratene revolutionäre Massenbewegung doch noch an führender Stelle lenken und bestimmen zu können (1998, S. 115-142). Er gelangt im Laufe seiner Untersuchung zum Fazit, dass die zentralistische Parteistruktur teilweise aufgelöst worden sei. So hätten Ortsgruppen der Partei, die ausgerufene Räterepublik auch dann unterstützt, nachdem die Weiterexistenz der Regierung Hoffmann bekannt geworden war. Andere wiederum erklärten sich für neutral, solange die ganze Sache als nicht entschieden galt (S. 47).

Dabei trafen sich die Mehrheitssozialdemokraten mit dem Standpunkt des rechten Flügels der bayerischen USPD. Die hatten nämlich Anfang Februar 1919 verkündet: „Demokratie als Selbstregierung des

Volkes ist mit der Schaffung von Räten unvereinbar, die eine irgendwie geartete, selbständige Regierungskompetenz beanspruchen" (Beyer, 1957, S. 49).

Die Skepsis innerhalb der MSPD-Führung gegenüber dem Rätesystem wuchs auch an der Frage, woher eigentlich das Mandat der Räte, ihre Legitimation, kam?

In den ersten Stunden des revolutionären Umsturzes waren sie vielfach bloß durch Zurufe in ihre Ämter gelangt. Dadurch konnte von einer repräsentativen Vertretung der Bevölkerung gar nie die Rede sein.

Aber auch die Arbeiter selbst waren in den Arbeiterräten nicht nach irgendeiner Formel gleichberechtigt gewählt worden. In den Großbetrieben konnte man wählen, in den Kleinbetrieben gab es zwar auch Arbeiter, aber oft keine Wahlen. Die Beschäftigten in mittelgroßen Betrieben wiederum waren statistisch gegenüber allen anderen begünstigt. Daher waren viele radikale Arbeiter der Großbetriebe in den Räten unterrepräsentiert. Zahlen vom April 1919 zeigten, dass die damals installierten Betriebsräte bestenfalls ein Drittel der Münchner Arbeiterschaft umfassten. Da durfte es auch nicht verwundern, dass nach Ansicht führender MSPD-Politiker das Rätesystem anscheinend mit Demokratie nicht viel am Hut hatte (Appel, 2018).

Innenminister Erhard Auer gelang es bereits in den ersten Wochen nach der Revolution, die nachgeordneten Behörden vorrangig durch Weisungen darauf einzuschwören, nur ja keine Anweisungen von Räten vor Ort entgegenzunehmen, es sollte ihnen höchstens eine beratende Funktion zugestanden werden. Ihm gleich taten es auch die übrigen MSPD-Minister. Militärminister Albert Roßhaupter ließ den Soldatenräten ausrichten, dass sie bloß eine beratende Funktion erhalten hätten.

Die „Provisorischen Richtlinien" vom 26. November 1918 gab der zuvor noch nicht klar gefassten Position der Räte eine absehbare Richtung. So wurde dort den Arbeiterräten von Seiten der Regierung die Aufgabe zuteil, zur Grundlage des neuen Regierungssystems zu werden. Aber wie dies alles letztendlich mit der parlamentarischen Demokratie in Einklang gebracht werden sollte, blieb nach wie vor unklar.

Für Karl-Ludwig Ay bestand das Hauptmanko der Regierung Eisner darin, keine sichtbaren Veränderungen zum Besseren herbeigeführt zu haben (1968). Dies bot der MSPD genügend Angriffsflächen zur Kritik. Der Hunger war geblieben und die zurück flutenden Truppen ließen das

Chaos scheinbar sogar noch wachsen. Die Wirtschaft lag durch das kriegsbedingte Ende der Rüstungsproduktion am Boden. Die Arbeitslosigkeit wurde vor allem dadurch angeheizt, weil die demobilisierten Soldaten auf den Arbeitsmarkt drängten. Ordnung und Sicherheit wurden zwar immer proklamiert, aber es fehlten letztlich die Machtmittel, um dies effektiv durchführen zu können. Das hatte natürlich auch viel mit dem Verhältnis der MSPD zum Ministerium Eisner zu tun. Eisners Regentschaft war eine Zeit der permanenten Regierungskrisen. Sie wurden auch dadurch verschärft, dass sich der Ministerpräsident und sein nominell wichtigster Partner, Erhard Auer, der Führer der bayerischen MSPD, weder persönlich noch politisch verstanden.

Es waren Ereignisse, wie der sogenannte Lotter-Putsch, der eine durchaus zweideutige Facette der bayerischen MSPD-Führung zu Tage förderte. Was war geschehen? Ungefähr 600 Matrosen, die aus Norddeutschland nach München zurückgekehrt waren, schlossen sich am 19. Februar 1919 unter Führung von Konrad Lotter mit einer Freiwilligen-Abteilung der 1. Pionier-Kompanie zusammen, mit dem klaren Ziel, den im Landtagsgebäude tagenden Rätekongress auseinanderzujagen. Sie besetzten dazu zunächst das Polizeipräsidium, die Stadtkommandantur und das Telegrafenamt. Dann setzten sie zum Sturm auf das Landtagsgebäude an. Dort tagte aber auch die bayerische MSPD. Erhard Auer gelang es, die „Putschisten" zur Aufgabe zu überreden. Gleichzeitig signalisierte er verklausuliert Verständnis, wenn er sagte: „Geht jetzt nach Hause, wir brauchen euch nicht jetzt. Haltet Euch für morgen bereit" (Schaupp, 2017, S. 115).

Einen Tag zuvor, bei einer Landeskonferenz der Mehrheitssozialdemokraten, hatte sich der Druck auf Eisner erneut erhöht. Die „Münchner Post" forderte offen Eisners Rücktritt, denn „seine sich auf das Rätesystem stützende Politik muß zu den schwersten Konflikten mit dem bayerischen Volk führen" (Münz/Morenz, 1968, S. 49).

Nur zwei Tage später kam es dann zu jenem Mordanschlag auf Eisner, der die politische Landschaft in München, ja in ganz Bayern, in höchste Erregung versetzte und mit dem darauffolgenden Interregnum, die zweite Etappe der bayerischen Revolution einläutete. Zugleich kam der bayerischen MSPD ihre starke Führungsgestalt auf tragische Weise abhanden. Alois Lindner, ein Mitglied des RAR, drang bewaffnet in den bayerischen Landtag ein. In der Meinung, die MSPD habe das Attentat veranlasst, schoss er Erhard Auer nieder und verletzte ihn schwer.

Zu einem Markenzeichen der MSPD in der „Nach Eisner-Zeit" avancierte ihre hybride Haltung den Räten gegenüber. Einerseits war man bereit, im Zentralrat und in den Rätegremien mitzuarbeiten, andererseits sandte man immer wieder Signale aus, welche die Ablehnung jeglicher revolutionärer Experimente zum Ausdruck brachten und so wiederum die bürgerlichen Gegner darin bestärkten, mit dem Räteunwesen Schluss zu machen.

Wohl wissend, dass der Rätekongress in scheinbar endlosen Diskussionen um klare Positionen rang, wurden beispielsweise Flugblätter über München abgeworfen, in denen es hieß: „Wollt Ihr, dass die Straße Euch weiter vergewaltigt? Könnt Ihr Euch länger von Elementen wie Levien, Mühsam, Hagemeister, Kronauer und Konsorten den Fuß auf den Nacken, die Pistole auf die Brust setzen lassen? Nein! Genauso, wie uns die Gegenrevolution, die Bourgeoisie, ins alte Elend bringen würde, genau so wird das Volk von den Spartakisten und ihrem Anhang, den Plünderern, ins größte Unglück gestürzt werden. Deshalb gilt es, dass alle Arbeiter und Soldaten das unerträgliche Joch einer brutalen Minderheit abschütteln, gemeinsam den Boden der Ordnung im Sinne einer einigen Sozialdemokratie betreten, und das Volk endlich der wahren Demokratie, dem Sozialismus, der echten Volksherrschaft zuführen. Vor allen Dingen müssen wir den gefährlichen Elementen des Spartakusbundes das Handwerk legen […] Die Straße muss frei bleiben für die Soldaten, die berufen sind, die sozialistische Ordnung zu schaffen! Soldaten! Schart Euch um Eure berufenen Führer! Deshalb in die Kaserne! Dort werden Eure gewählten Kasernenräte und Führer mit Euch unternehmen, was das Volkswohl erfordert" (Schaupp, 2017, S. 130). Das Flugblatt war von zwei als sozialdemokratisch geltenden Persönlichkeiten, Stadtkommandant Dürr und Polizeipräsident Staimer, sowie Karl Scheid von der MSPD unterzeichnet. Daraufhin ließ sich Gustav Landauer zu seinem berühmten Ausspruch hinreißen, wonach er in der Naturgeschichte „kein ekelhafteres Lebewesen als die Sozialdemokratische Partei" (Münz/Morenz, 1968, S. 60) kenne.

Das vorläufige Staatsgrundgesetz des Freistaates Bayern vom 17. März 1919, es trug bereits die Handschrift der Mehrheitssozialdemokraten unter Ministerpräsident Hoffmann, legte denn auch im § 6 klar und unmissverständlich fest, dass die gesetzgebende Gewalt einzig vom Landtag ausgeübt wird (Gesetz-und Verordnungsblatt für den Volksstaat Bayern 1919 in: www.verfassungen.de, letzter Zugriff am 19.1.2019).

Kurze Zeit danach erschien ein weiteres Flugblatt aus Nürnberg, das von den führenden MSPD-Politikern wie Hoffmann, Schneppenhorst und Ewinger unterzeichnet war und in dem es unter anderem hieß: „Die durch die ruchlose Ermordung Kurt Eisners geschaffene Erregung benützte eine kleine Gruppe von Gewaltmenschen, in München die Herrschaft an sich zu reißen. Dagegen wehren sich ganz entschieden die Arbeiter und Soldaten [...] Alle verurteilen die Gewaltherrschaft einer kleinen Minderheit, die Bayern dem Untergange zuführt; sie verlange eine sozialistische Regierung und die alsbaldige Einberufung des Landtages. Alle wollen die Demokratie und verwerfen die Diktatur, von welcher Seite sie auch kommen möge. Kameraden und Genossen in München! Ihr habt den Willen gezeigt, die Gewaltherrschaft Dr. Leviens und seines bewaffneten Anhangs zurückzuweisen. In diesem Bestreben unterstützen Euch alle Soldaten des III. Armeekorps. Wenn es nicht anders sein kann, mit Waffengewalt“ (Schaupp, 2017, S. 131). Damit waren es also Sozialdemokraten, die zum offenen Putsch gegen die Räteherrschaft ausriefen.

Es war am 4. April 1919, unmittelbar vor der Ausrufung der ersten Räterepublik, da empfing Ministerpräsident Hoffmann in den Vormittagsstunden eine Delegation Augsburger und Münchner Arbeiter. Sie trugen ihm die Forderung nach Ausrufung der Räterepublik vor. Hoffmann erklärte scheinheilig, ihr Verlangen wohlwollend zu prüfen. Aber anstatt dieser Ankündigung Taten folgen zu lassen, fuhr er umgehend nach Berlin. Dort wollte er bei einem Gespräch mit Reichswehrminister Gustav Noske, der sich mit solchen Dingen nur zu gut auskannte, Fragen einer militärischen Unterstützung erörtern und zwar für den Fall einer tatsächlichen Ausrufung der Räterepublik im fernen München (Schaupp, 2017). Dieses zynische Doppelspiel des Sozialdemokraten Hoffmann wurde auch während des Bamberger Exils weitergeführt. Der Untergang der Räterepublik erwies sich für die Sozialdemokraten jedoch als Pyrrhussieg und diente den rechten Kräften nur als Moratorium. Bei Zeiten verzichteten sie auf die Dienste der Sozialdemokraten und konnten in weiterer Folge ganz gut ohne sie auskommen.

Protagonisten 2: Kurt Eisner – Idealist, Revolutionär und Rätedemokrat

Karl-Ludwig Ay bezeichnet Eisner als „unendlich problematische Gestalt" (1968, S. 15). In der Tat lassen sich Eisners Konzeptionen keineswegs in ein gängiges Schema pressen.

Abb. 6 Kurt Eisner

Sozialismus bedeutete für Eisner vor allem soziale Gerechtigkeit. Er lehnte dabei den rigiden Anarchismus ebenso ab wie den dogmatischen Sozialismus, war also keineswegs ein geborener Revolutionär. In einem durchaus widersprüchlichen Sinne hielt er lange an der Überzeugung fest, dass die Sache des Proletariats durch parlamentarische Arbeit vorangetrieben werden konnte. Dennoch war Eisner kein eigentlicher Revisionist, als der er später von anarchistischer und kommunistischer Seite gleichermaßen etikettiert wurde (Mühsam 1978; Beyer 1957). Er war nämlich zugleich davon überzeugt, dass der Sozialismus auf wissenschaftlichen Erkenntnissen beruhte. Der entscheidende Ausgangspunkt des Denkens Eisners war die feste Überzeugung, dass der Sozialismus unvermeidlich sei und dass sein Sieg letztendlich zu einem „goldenen Zeitalter" (Mitchell 1967, S. 35) der Zukunft führen müsste. Die Beschäftigung mit Kants Philosophie ließ ihn die Sozialdemokratie als direkte Erbin der Aufklärung sehen. Eisner bezeichnete den Sozialismus fast religiös verklärt als „glaubensstarke Hoffnung" (Mitchell, 1967, S. 36).

Als humanistischer Kriegsgegner wandte sich der gebürtige Berliner im Verlauf des Weltkriegs der USPD zu. Als leidenschaftlicher Gegner der autokratischen Herrschaft setzte er sich schließlich an die

Spitze der bayrischen Revolution. Die Haltung zu den Räten aber schwankte in dem Maße, wie sich die revolutionären Ereignisse in München fortentwickelten und die realen Machtverhältnisse gegebenenfalls Zugeständnisse und ein Nachgeben erforderlich machten.

Eisner war zunächst bemüht, die Arbeiter-, Soldaten-, und Bauernräte als „vorläufig höchste Legislativgewalt" (Arnold 1985, S. 248) zu etablieren. Aber Eisner sah sich durch Druck von Seiten der Sozialdemokraten ebenso rasch genötigt, der Umwandlung des Vollzugsausschusses in einen provisorischen Nationalrat zuzustimmen. Auch in der Frage des Wahltermins konnte er seinen Standpunkt in der Regierung nicht erfolgreich behaupten. Und doch wollte Eisner keinesfalls die alte Wahldemokratie aufleben lassen. Den Parlamentarismus traditioneller Prägung bezeichnete er als bloß „formale Wahldemokratie", in der „nach nur sporadisch[en] Wahlen alle 3 oder 5 Jahre" (Mitchell 1967, S. 142) Volksvertreter zwar die Regierungsgeschäfte übernahmen, jedoch das Volk in der Rolle des ohnmächtigen Zuschauers verharrte. Seine Vision der neuen Demokratie ging in eine andere Richtung, nämlich „dass die Massen selbst unmittelbar ständig mitarbeiten an den Angelegenheiten der Gesamtheit" (Dorst 1968, S 28).

Vor dem Vollzugsrat der Berliner Arbeiter- und Soldatenräte erklärte Eisner am 26. November, dass eine aus allgemeinen Wahlen hervorgegangene Nationalversammlung solange zwecklos sei, bis die Politik von einem neuen Geist durchdrungen sei (Mitchell 1967, S. 125).

Doch welche Gegenkonzeption schwebte ihm vor?

Am 16. November wurde das Programm der neuen bayerischen Volksregierung veröffentlicht, das die Unterschrift Eisners trug und als „Versuch die Umwandlung des alten Elends in die neue Zeit in vollkommen verbürgter Freiheit und in sittlicher Achtung vor den menschlichen Empfindungen durchzuführen" (Ay 1968, Anlage 10) gedacht war. Eisner entwarf darin die Form eines besonderen Nebenparlaments, das auf berufsständischer Grundlage organisiert war. Rund um die Arbeiter-, Soldaten- und Bauernräte sollten Beamte, Privatangestellte, Vertreter des Handels und Handwerks sowie der freien Berufe gleichfalls Räte bilden und die Grundlagen einer tätigen Demokratie schaffen.

In welche Richtung sollte sich diese tätige Demokratie entfalten?

Eisner forderte also berufsständische Körperschaften, in der jedoch das Proletariat aufgrund seiner zahlenmäßigen Stärke die Majorität besitzen sollte. Räte sollten aber die Werkzeuge des politischen Lebens sein und nicht reine Vertreter von Berufsinteressen. Sie bildeten in dieser Sichtweise die organisatorische Stütze der Demokratie. Ihre Hauptaufgabe lag in der Mobilisierung der Bürger an der Basis, indem die Bevölkerung permanent am demokratischen Willensbildungsprozess von unten her eingebunden war. Eisner leugnete keineswegs die Gefahren einer alleinigen Herrschaft. Räte sollten vielmehr einen basisdemokratischen Schub bewirken, nämlich „auf die Arbeit des Parlaments zu drücken, wenn dieses mit der allgemeinen Stimmung" (Schade 1961, S. 75) nicht im Einklang steht.

Hier werden Räte als direkt-demokratisches Fundament der parlamentarischen Demokratie betrachtet. Solange aber das Rätesystem als organisatorische Basis der politischen Willensbildung der Massen nicht ausgebaut war, konnten bzw. sollten auch keine Parlamentswahlen durchgeführt werden. Darum versuchte Eisner immer wieder, allerdings erfolglos, Wahlen zum Landtag hinauszuzögern. Er konzentrierte sich entsprechend seiner humanistischen Sozialismusidee auf die größtmögliche Selbständigkeit aller mündigen Individuen und maß ihrer ständigen Beteiligung am demokratischen Prozess höchste Priorität bei. Diese Demokratisierung an der Basis stellte die wesentliche Grundlage dar. Dort wirkte seiner Überzeugung nach der wahre Idealismus. Dort gebe es „keine Führer und keine Angeführten" (Dorst 1968, S. 34), sondern lebe die Masse der Bevölkerung selbst.

Die kritischen Einwände, von sozialdemokratischer oder bürgerlicher Seite vorgebracht, wonach Räte als staatspolitische Amateure nicht zum Regieren geeignet seien, wies Eisner entschieden zurück. Er führte in mehreren öffentlichen Reden das Beispiel des einfachen Schlossers und nunmehrigen Ministers für soziale Angelegenheiten Hans Unterleitner an, der seiner Ansicht nach durchaus Weitsicht und Sachkenntnis verbinden konnte, die ansonsten nur Berufspolitikern zugestanden wurde (Dorst 1968).

Eisner wollte die Gesellschaft erneuern und war dabei ganz gefangen von den „idealistischen Prinzipien seiner literarischen Bildung" (Kreiler 1978, S. 38). Räte wirkten dabei als Erziehungsorgane und Grundmauern der Demokratie. Freilich konnte dies alles nur gelingen, wenn gleichzeitig eine völlige Umgestaltung des Schul- und Erziehungswesens stattfand, die vom Geist der Freiheit und Mündigkeit getragen sei. In den Vorstellungen Eisners bedurfte es aber dazu einer neuen Staatsform, die er abwechselnd als Freistaat oder als Volksstaat bezeichnete.

Heute gilt über alle Parteigrenzen hinweg der Konsens, dass es sein bleibender Verdienst war, den Begriff „Freistaat" „in die politische Landschaft der Weimarer Republik eingeführt und, vor allem in Bayern, verankert zu haben" (Timo Nüßlein in: HAMM et al., 2018, S. 323). Das vorläufige Staatsgrundgesetz vom 4. Jänner 1919 verkündete bereits im Punkt 2: „Die höchste Gewalt des Bayerischen Staates liegt beim Volk" (Gesetz-und Verordnungsblatt für den Volksstaat Bayern 1919 in: www.verfassungen.de, letzter Zugriff am 19.1.2019). Das war nun tatsächlich eine echte revolutionäre Neuerung.

Für den aktuellen Eisner-Biografen Bernhard Grau stellten die Arbeiter-, Soldaten- und Bauernräte ein bedeutendes machtpolitisches Potenzial dar (2001, Seite 359ff.) und dessen war sich auch Eisner bewusst.

Die Räte waren unmittelbar aus der Revolution heraus entstanden und erhoben dadurch auch sofort Anspruch auf politische Teilhabe. Schließlich bildeten die Räte auch den Kern des provisorischen Nationalrates, der am 8. November 1918 erstmalig von Eisner einberufen wurde.

Das von Eisner am 15. November 1918 entworfene Regierungsprogramm enthielt wichtige Weichenstellungen bezüglich der Funktion und Aufgaben der Räte. Zwar sollte eine konstituierende Nationalversammlung so schnell wie möglich einberufen werden, aber erst nachdem bestimmte Vorarbeiten geleistet waren. Laut Grau war damit in erster Linie die „Demokratisierung des öffentlichen Geistes wie der öffentlichen Einrichtungen" gemeint (2001). Für Eisner hatten die Arbeiter-, Soldaten- und Bauernräte" die rascheste Durchführung einer nicht nur formellen, sondern lebendig tätigen Demokratie" (Grau, 2001, S. 425 ff.) zu bewerkstelligen. Eisner bezeichnete in seinem Programm den provisorischen Nationalrat als Zentralparlament und den Münchner Arbeiter-, Soldaten- und Bauernrat als Nebenparlament. Außerdem schwebten ihm noch weitere berufsständische Rätegremien vor. Auch Beamte, Lehrer, Privatangestellte, die freien Berufe, das Handwerk, der Handel und die Industrie sollten Rätegremien bilden.

In diesen neuartigen Parlamenten konnten sie ihre Angelegenheiten unabhängig und selbständig erörtern und ihre Wünsche und Anregungen an die nächsthöheren Instanzen formulieren.

Halten wir konzis noch einmal die prägnantesten Aspekte in Eisners Konzept, ein eigentlich ausgeformtes Modell lag nie vor, fest: Räte sollten in Form berufsständischer Kammern als eigene Vertretung der Werktätigen in Stadt und Land tätig werden. Neben einer ersten Kammer als gewähltes Parlament sollte ein berufsständisch gegliedertes Rätesystem als gleichberechtigte zweite Kammer in Form eines Nebenparlaments treten. Hierin glichen sich die Vorstellungen mit denen des rechten USPD-Flügels. Eisner war von der tiefen Überzeugung durchdrungen, dass die größtmögliche Selbständigkeit aller mündigen Individuen und Beteiligten am demokratischen Prozess, die bedeutsamste Aufgabe des Sozialismus sei.

Die allergrößte Gemeinsamkeit bei den Arbeiter-, Soldaten- und Bauernräte bildete zunächst ihr Kampf gegen Hunger und für die Sicherung des Friedens. Große ausgreifende gesellschaftliche Visionen gab es noch nicht. Auch ein doppeldeutiger Aspekt in Eisners Rätekonzeption wurde von Grau ins Treffen eingebracht, der für viel Missverständnis sorgte und darüber hinaus zu ungerechtfertigten Anschuldigungen führte. Eisner begriff Räte und Parlament nicht als sich gegenseitig aufhebende Kraftpole, sondern suchte eine Synthese, um diese an sich unterschiedlichen Körperschaften miteinander wirken zu lassen. Da aber das Miteinander von Eisner nie klar formuliert wurde, bot diese anvisierte „Machtteilung" von Parlament und Räten seit jeher viel Spielraum für Spekulationen (2001). So war es auch nicht verwunderlich, dass ihm seine Gegner von rechts und links vorwarfen, entweder mit Hilfe der Räte eine Diktatur der Arbeiterklasse etablieren zu wollen, oder andererseits die Räte nur alibimäßig zu unterstützen, um hinter ihrem Rücken den reinen bürgerlichen Parlamentarismus wieder einzuführen.

Bei einer geplanten Ausdehnung der Rätemacht durfte Eisner jedoch zwei weitere Machtfaktoren nicht außer Acht lassen, nämlich den nach wie vor intakte und ehedem noch kaisertreue staatliche Behördenapparat und die „konservative" bayerische Mehrheitssozialdemokratie. Diese hatte sich aus den dramatischen Ereignissen am Abend des 7. Novembers 1918 weitgehend herausgehalten. Von ihrer Massenbasis her betrachtet, war die bayerische MSPD ein allerdings entscheidender politischer Faktor (Grau, 2001, S. 359ff.). Das zeigte sich dann auch klar bei den Landtagswahlen am 12. Jänner 1919, wo die MSPD zur eindeutig stärksten Kraft im linken Lager avancierte, während Eisner und seine USPD ein desaströses Ergebnis einfuhren.

Ein bayerisches Spezifikum war es allerdings, dass in Bayern neben den Arbeiter- und den Soldatenräten auch Bauernräte geschaffen wurden. Diese Eigentümlichkeit war der ökonomischen Rückständigkeit Bayerns geschuldet, das am Ende des Ersten Weltkriegs noch immer ein weitgehender Agrarstaat war (Grau, 2001). Darum gingen Eisners Bemühungen auch dahin, mit der Einbeziehung des als „links" geltenden BBB (Bayerischer Bauernbund) unter Ludwig Gandorfer eine Verbindung zur Landbevölkerung herzustellen. Die war für das Gelingen einer Revolution von nicht zu unterschätzender Bedeutung, schließlich galt es die Lebensmittelversorgung dauerhaft zu gewährleisten. Der frühe Unfalltod Gandorfers erwies sich alsbald als großes Handicap.

In den Vorstellungen Eisners hatten die Räte auch eine wichtige Erziehungsaufgabe, nämlich hin zu demokratischer Selbständigkeit. Dies wurde von ihm als hervorragendes Mittel angesehen, um einerseits die Konterrevolution zu bannen, andererseits aber gegen den seiner Meinung nach diktatorischen Bolschewismus einen wirksamen Schutzwall und eine Alternative zu bilden (Dorst 1968). Sein zentrales Anliegen blieb "die Umbildung der Geistesverfassung der Massen" (Arnold 1985, S. 252) und dabei hatten die Räte eine wichtige Aufgabe zu spielen.

Die „Provisorischen Richtlinien" vom 26. November 1918 wiesen genau in diese Richtung (Appel, 2018). Räte fungierten in Eisners Vorstellung in dreifacher Weise: als politische Instruktoren, sprich Lehrmeister der Massen, als Kontrollinstanzen der Regierung und Verwaltung sowie als unmittelbare Ansprechpartner der Menschen vor Ort. Anscheinend war aber doch an eine Art Doppelherrschaft gedacht, denn an anderer Stelle wurde dem Parlament (Landtag) die souveräne Gesetzesgewalt zugewiesen (Eisner, 1996).

Eine entscheidende Frage wurde in den auf den revolutionären Umsturz folgenden Monaten aber immer dringlicher: Wann sollten Wahlen für den neuen bayerischen Landtag stattfinden und was sollte dann mit den Räten geschehen? (Grau, 2001) Eisner empfand die von der bayerischen MSPD, den bürgerlichen Parteien und vor allem von der konservativen Presse immer vehementer erhobene Forderung nach einem Wahltermin für ein Landesparlament als perfiden Versuch, die revolutionären Räte zu entmachten, ehe sie sich als bestimmende Kraft etablieren konnten. Eisner bediente sich dabei einer Doppelstrategie. Einerseits wies er darauf hin, dass ein solches erst einberufen werden konnte, „[...] wenn es gelungen sei, die Errungenschaften der Revolution unumkehrbar festzuschreiben, zum anderen begann er nun, die Räte als feste Bestandteile der künftigen demokratischen Grundordnung darzustellen [...] (Grau, 2001, S. 429 ff.).

Die Debatten im Ministerrat wogten hin und her und wurden schließlich vom Führer der bayerischen MSPD, Innenminister Erhard Auer, auf die Spitze getrieben, indem er Eisner mit der Androhung seines Rücktritts erfolgreich zu erpressen versuchte. In der Ministerratssitzung vom 5. Dezember 1918 wurde nämlich der 12. Januar 1919 als Wahltermin festgelegt. Eisners zunächst erfolgreiche Hinhalte- und Verzögerungstaktik war damit endgültig gescheitert (Grau, 2001).

Das vorläufige Staatsgrundgesetz vom 4. Jänner 1919 verwies in seiner Präambel zunächst darauf, dass die Grundsätze einer sozialistischen Republik zu einem späteren Zeitpunkt in einem umfänglichen Verfassungswerk dargelegt würden, bestimmte aber gleichzeitig, dass ein aus Wahlen der Staatsbürger hervorgegangener Landtag die Regierung bildete (Gesetz-und Verordnungsblatt für den Volksstaat Bayern 1919 in: www.verfassungen.de, letzter Zugriff am 19.1.2019). Von Räten und deren Aufgaben war freilich nirgends etwas zu finden.

Als dann die Wahlen tatsächlich kamen, erbrachten sie ein mehr als deutliches Ergebnis.

Obwohl in München die sozialistischen Parteien mit zusammen 52 % Stimmenanteil deutlich vorne lagen, gingen aus dieser Wahl bayernweit die konservativen- und bürgerlichen Parteien, das waren die bayerische Volkspartei (BVP) und die Deutsche Demokratische Partei (DDP), als Wahlsieger hervor. Sie erhielten zusammen im neugewählten Landtag die absolute Mehrheit. Diese Tendenz setzte sich ebenso bei den eine Woche später abgehaltenen Wahlen zur verfassunggebenden Deutschen Nationalversammlung fort, wenngleich die USPD ihren Stimmenanteil geringfügig verbessern konnte. Die KPD boykottierte gemäß ihrem Beschluss am Berliner Gründungsparteitag auch in Bayern beide Wahlgänge.

Bei diesen Landtagswahlen erlitt die USPD als deklarierte Rätepartei eine kapitale Niederlage. Sie erreichte landesweit nur 2,52 % der Stimmen. Selbst in der „Revolutionshauptstadt München“ errang sie nur bescheidene 5 %. Der SPD hingegen gelangen im städtischen Bereich, etwa in München mit 47 % der Stimmen sowie in Nürnberg und Fürth, beträchtliche Erfolge. Die USPD verfügte lediglich über einige wenige Hochburgen im oberfränkischen Industrie- und Bergbaugebiet. Charakteristisch war aber, dass der Anteil der Wählerschaft der beiden Arbeiterparteien in den Städten wesentlich höher war als in den ländlichen Regionen. Dort konnte wiederum der Bayerische Bauernbund (BBB) in Niederbayern, Schwaben, aber vor allem in Oberbayern ein starkes Wählerpotenzial mobilisieren. Insgesamt zeigte jedoch das Ergebnis deutlich, dass sich die bayerische Wählerschaft gegen eine sozialistische Republik, in welcher Form auch immer, für den Parlamentarismus entschieden hatte.

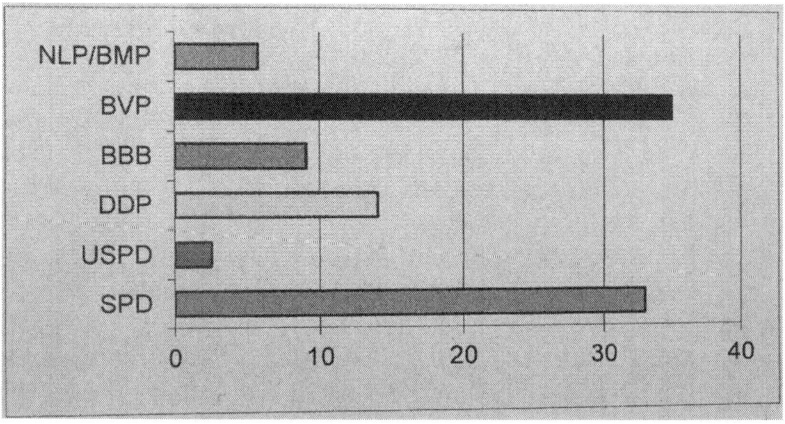

Abb. 7 Wahlen zum bayerischen Landtag am 12.1.1919

Eisner selbst gelangte übrigens nur deshalb in den Landtag, weil er in allen Wahlkreisen als Spitzenkandidat aufgestellt worden war. Seine Position als Ministerpräsident war damit unhaltbar geworden (Schaupp, 2017).

Schon vorher beurteilten radikale Gegner Eisners, wie beispielsweise Erich Mühsam, dessen Haltung gegenüber den Räten äußerst kritisch: „Sein Streben war von Anfang an darauf gerichtet, den Einfluß der Räte immer mehr einzuschränken und ihre Tätigkeit zu völliger Bedeutungslosigkeit zu verurteilen [...]" (1920, S. 20). Nach den Wahlen verstärkte sich diese Tendenz.

Felix Fechenbach, Eisners Privatsekretär, sah die Sache naturgemäß ganz anders. Die Frage der Nationalversammlung wurde in der Öffentlichkeit und in den Räteparlamenten lebhaft diskutiert. Kurt Eisner wollte Wahlen auf einen möglichst späten Zeitpunkt verlegen, um vorher noch zugunsten der Räte „[...] eine Reihe von machtpolitischen Tatsachen schaffen zu können. Ihm war die Nationalversammlung nicht Grundlage, sondern Krönung des neuen Staatsgebäudes [...]" (Fechenbach, 1929, S. 52).

Die Linksradikalen bezichtigten ihn auch bezüglich seines Verhaltens rund um die große Demonstration auf der Theresienwiese am 10. Jänner 1919 einer zwiespältigen und inkonsequenten Doppelstrategie.

Was die Linksradikalen besonders empörte war die Tatsache, dass Eisner Haftbefehle gegen einige ihrer Agitatoren, darunter Erich Mühsam, Max Levien und Hilde Kramer, persönlich unterzeichnet hatte.

Trotz des Verbots fand die Demonstration auf der Theresienwiese mit über 3000 Personen statt. Danach zog die Menschenmenge zu Eisners Amtssitz, um die Freilassung der Inhaftierten zu erreichen. Vor den Toren standen aber bewaffnete Soldaten; Eisner wiederum ließ sich zunächst nicht blicken. Nun startete eine waghalsige Aktion. Der spätere Kommandant der „Roten Armee", der Matrose Rudolf Eglhofer, kletterte daraufhin an der Fassade des Gebäudes bis zu Eisners Arbeitszimmer im ersten Stock und stieg durchs Fenster ein. Nach einem kurzen Wortwechsel trat Eisner mit Sozialminister Unterleitner heraus zu den Demonstranten und verkündete die Genehmigung der Freilassung. Nach einem Anruf Eisners in Stadelheim wurden die Betreffenden tatsächlich sofort frei gelassen (Schaupp, 2017).

Da war es nur logisch, dass Eisner beim nächsten „revolutionären Großereignis" einer großen Demonstration zur Ausrufung der Räterepublik auf der Theresienwiese am 16. Februar 1919 gänzlich anders reagierte.

Die Marschierenden trugen dabei Transparente mit Parolen wie: „Alle Macht den Räten!" und „Lasst Euch durch Schwätzer nicht vertreten, selbst herrscht das Volk in den Räten!" sowie „Die Arbeiter-und Soldatenräte tanzen nicht mehr nach der Landtagsflöte!" (Schaupp,

2018, S. 112) Organisiert hatte diese Demonstration der RAR in München. Von den öffentlichen Gebäuden wehten rote Fahnen und alle Industriebetriebe waren durch Abordnungen vertreten. Auch Kurt Eisner nahm an der Demonstration teil und fuhr in skurriler Weise in offenem Wagen voraus. Allerdings, so bemerkte zumindest Eich Mühsam, blieben die Ovationen für ihn aus, ja es herrschte eine geradezu feindselige Stimmung. Eisner kam sich rasch fehl am Platz vor und so schwenkte sein Auto auf halbem Weg von der Demonstrationsroute ab, denn bei der aufgeheizten Stimmung konnte sogar ein tätlicher Angriff auf seine Person nicht mehr ausgeschlossen werden.

Um eine Krise mit dem Koalitionspartner zu vermeiden, willigte Eisner wie bekannt schließlich ein, in Bayern Wahlen zu einem verfassungsgebenden Landtag sehr bald auszuschreiben. Eine entsprechende Erklärung erfolgte von seiner Seite aus bereits am 2. Dezember 1918 bei der Tagung der bayerischen Soldatenräte.

Eisners Gegner von links und rechts warfen ihm häufig vor, er sei ein Anhänger des russischen Bolschewismus gewesen. Für Fechenbach freilich eine böswillige Anschuldigung ohne jede Grundlage, denn: „[...] Er war ein entschiedener Gegner des Bolschewismus und seiner Methoden. Wohl wollte er die Räte erhalten wissen, sie schienen ihm als Kontrollorgane unentbehrlich für die Schaffung einer tätigen Demokratie. Erst seine Ermordung führte zur Ausrufung der Räte-Republik, die er, wäre er am Leben geblieben, verhindert hätte. Kurt Eisner war im Grunde seines Wesens demokratischer Sozialist [...]" (1929, S. 55).

Seine demokratische Gesinnung bewies er jedenfalls am Morgen des 21. Februar 1919, als er sich an einem klaren, hellen Wintertag, etwa gegen 10 Uhr, von seinem Ministerium auf den Weg machte, um im Landtag seine Demission als Regierungschef zu verlesen. Kurt Eisner war zusammen mit Felix Fechenbach und seinem Büroleiter Bruno Merkle unterwegs. Obwohl die zum Landtag führende Prannerstraße in beiden Richtungen von Soldaten abgesperrt war, gelang es dem rechtsextremen Offizier Graf Anton von Arco Valley, sich in einem Hauseingang zu verstecken, dem Trio auf seinem Weg zum Landtag verdeckt zu folgen und den Ministerpräsidenten schließlich mit zwei gezielten Schüssen zu töten.

Abb. 8 Gedenktafel für Kurt Eisner, München Promenadeplatz – Kardinal Faulhaber Straße, an der Stelle des Attentats

Abb. 9 Kurt Eisners Begräbnis am 26.2.1919

Protagonisten 3: Erich Mühsam – Anarchismus und Rätesystem

Der Begriff des Anarchismus leitet sich aus dem Griechischen her und bedeutet nichts anderes als eine herrschaftsfreie Gesellschaft (Nohlen/Schultze 2002).

Als gesellschaftliche Bewegung besitzt der Anarchismus seinen Ursprung im 18. Jahrhundert. Im Zuge der französischen Revolution waren Anarchisten zu den radikalsten Fürsprechern einer sozialen Revolution geworden.

Im Laufe des 19. Jahrhunderts tauchte eine Persönlichkeit auf, die in ihrem Ideengebäude Elemente des Rätegedankens aufnahm: der russische Anarchist Michail Bakunin. Er verband die leidenschaftliche Ablehnung jeglicher Staatsautorität mit konkreten revolutionären Aktionen zur Zerstörung des bestehenden Staates und seiner Institutionen. Als zentrales Motiv tauchte in seinen Schriften immer wieder der Begriff der „qualitativen Umwandlung" (Brandies o. D., S. 11) auf. In einer vollkommen freien und gleichen Gesellschaft, lösten sich quasi alle Widersprüche von selbst auf. Eine als ungerecht empfundene Staats- und Gesellschaftsordnung musste, seiner Überzeugung nach, durch einen einmaligen revolutionären Akt zerstört werden. In Form einer Propaganda der Tat sollten durch spontane Einzelaktionen nicht nur die Aufmerksamkeit der Öffentlichkeit erreicht, sondern auch der revolutionäre Prozess in Gang gesetzt werden. Da Bakunin nur allzu gut wusste, dass man nach vollbrachtem Umsturz auf halbwegs funktionsfähige Staatsorgane nicht verzichten konnte, schlug er zu diesem Zweck bereits die Bildung von Kommunal-Räten vor, als unterste Verwaltungseinheit und zugleich Repräsentanten der breiten Bevölkerung. Erich Mühsam, prominentester Vertreter der anarchistischen Strömungen innerhalb der deutschen Rätebewegung, berief sich stets auf den aktionistischen Aspekt in Bakunins Schriften.

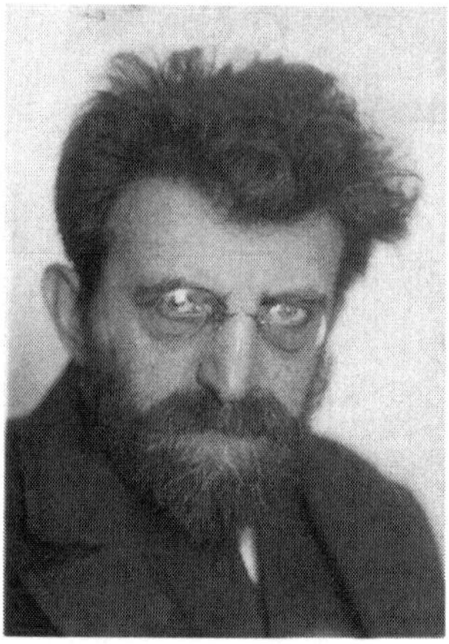

Abb. 10 Erich Mühsam

Seit 1909 lebte Erich Mühsam, der in Lübeck geborene Sohn im Münchner Stadtteil Schwabing und stieg dort bald zu einer Zentralfigur der Künstler-Boheme auf. Das Schwabinger Milieu bildete das vorzügliche Ambiente in dem, nach Oskar Maria Graf, Nonkonformismus und überschwänglich gepriesener Freiheitsdrang zwangsläufig zu anarchistischem Denken tendierte (Bollenbeck 1989).

Bei Ausbruch des Ersten Weltkrieges wurde er als überzeugter Kriegsgegner zur Zielscheibe wüster Drohungen und stieß dabei sogar in seinem eigenen Umfeld auf Unverständnis (Mühsam, 2003). Anarchismus bedeutete für Erich Mühsam die Lehre von der Freiheit als Grundlage der menschlichen Gesellschaft. Die Anarchisten waren aus seiner Sicht Maximalisten, „sie wollten alles hier und heute" (Mühsam 1975, S. 7) und lehnten damit Reformismus und Kompromisse ab.

In der als anarchistisches Grundbekenntnis angelegten Streitschrift „Befreiung der Gesellschaft vom Staat" findet sich unter anderem eine sehr persönliche Definition des Begriffes Anarchismus: „Wer die Freiheit der Gesellschaft gleichsetzt mit der Freiheit aller in ihr zur Gemeinschaft verbundener Menschen, der hat das Recht, sich Anarchist zu nennen" (1975, S. 9). Mühsam versuchte er allerdings seine anarchistische Definition mit dem Gedanken des Sozialismus zu verbinden. Zentrales Motiv seiner Sozialismusinterpretation war die Verwirklichung von Gleichberechtigung und Gleichheit aller Menschen (Mühsam 1975). So wie Landauer wandte er sich jedoch entschieden gegen einen Sozialismus, der auf Grund von strengen Gesetzmäßigkeiten seine Ziele zu erreichen trachtete, um schließlich in einer Diktatur des Apparats zu münden. Es erscheint aus dieser Sicht durchaus eigentümlich, dass sich Mühsam während der ersten Phase der bayerischen Revolution auf eine enge Zusammenarbeit mit den Kommunisten einließ.

Mühsam befürwortet Bakunins Propaganda der Tat, wollte diese Aktionsform jedoch auf den Zustand der Revolution beschränkt wissen, allerdings unter dem Gesichtspunkt der Verantwortlichkeit des

Einzelnen für die Gemeinschaft. In den bewegten Monaten der bayerischen Revolution machten Mühsam und seine Gefolgsleute im RAR in diesem Sinne immer wieder durch zahlreiche „revolutionäre Aktionen" wie etwa Redaktionsbesetzungen auf sich aufmerksam. Erst der blutige Anschlag auf den bayerischen Innenminister durch ein Mitglied des RAR zeigte die tiefen Abgründe einer solchen Strategie.

Was aber sollte nach siegreicher Revolution an die Stelle des untergegangenen Staates treten?

Dem entscheidenden Moment dieses Entwicklungsganges widmete Mühsam besonderes Augenmerk. Das Rätesystem erschien als ein zuverlässiger Garant zur Verhinderung neuer bürokratischer Verwaltungs- und Herrschaftsformen. Mühsam fasste den Rätebegriff als Ausdruck der unmittelbaren Teilhabe aller Volksschichten am politischen und gesellschaftlichen Leben auf, denn „Räte als Träger der sozialistischen Gemeinschaft sind die Beauftragten aller am allgemeinen Werk beteiligten Menschen, durch die sich die Gesamtheit der Tätigen mit jeder einzelnen Person in den Lebensprozess einschaltet" (1975, S. 78).

Im Laufe des Weltkrieges sympathisierte Mühsam offen mit der Spartakusgruppe um Liebknecht und Luxemburg. Er distanzierte sich nach der Russischen Oktoberrevolution von der USPD, die ihm nicht radikal genug erschien. In den ersten Monaten des Jahres 1918 wurde Mühsam wegen anarchistischer Streikaufrufe und Beteiligung an Streikaktionen im oberbayrischen Traunstein inhaftiert und nach wenigen Wochen wieder entlassen. Mit den revolutionären Ereignissen des 7. November hatte Mühsam zunächst noch gar nichts zu tun. Danach allerdings stieg er ziemlich rasch zu einer bestimmenden Figur der revolutionären Linken auf. Eine wichtige Triebfeder war dabei der RAR (Revolutionäre Arbeiterrat) in München.

Glaubt man dem in der Festungshaft in Ansbach abgefassten Rechenschaftsbericht Mühsams, so hatte sich dieses Gremium „[...] spontan aus den am Umsturz aktiv beteiligten Proletariern in der Stärke von etwa fünfzig Personen konstituiert, die sich um die damals ungeheuer populäre Person Eisners geschart hatten" (1920, S. 8). Der revolutionäre Arbeiterrat verstand sich selbst als treibende Kraft der bayerischen Revolution. In einem eigenen Statut wurde festgelegt, dass als unzuverlässig angesehene Mitglieder, höchstwahrscheinlich kritische, sofort ausgeschlossen und andererseits in den Ansichten konforme Mitgliedsanwärter vollkommen unbürokratisch aufgenommen werden sollten. Allerdings ging man sofort auf Konfrontationskurs mit dem neuen Ministerpräsidenten, denn schon am zweiten Tag seines Bestehens wurde Mühsam, gegen Eisners Wunsch, in den RAR aufgenommen. Wenig später folgte Gustav Landauer, der inzwischen aus seinem Wohnort Krumbach nach München gekommen war.

Aufgrund der Initiative des RAR wurde die Bildung eines Münchener Arbeiterrats nach Betriebswahlen vorgenommen und überdies im ganzen Lande Wahlen von Arbeiterräten organisiert. Schließlich gelang es sogar in Verbindung mit den Soldaten- und Bauernräten, eine Landesorganisation der Räte mit einem Zentralrat an der Spitze auf die Beine zu stellen (Mühsam, 1920). Mühsam und seine Gefolgsleute traten geschlossen in den Münchener Arbeiterrat ein, um kurz darauf an der ersten Tagung der konstituierenden Landesräteversammlung teilzunehmen.

Fast zeitgleich gründete Mühsam nach eigenem Bekunden Ende November 1918 die VRI (Vereinigung Revolutionärer Internationalisten). In einem in München kursierenden Flugblatt wurden die Ziele so formuliert: „Das Ende des Weltkrieges bedeutet zusammen mit der Weltrevolution den Zusammenbruch des Kapitalismus. Auf seinen Trümmern wollen wir nicht Altes zu retten suchen, sondern Neues aufbauen [...] Das Mittel der Revolution heißt Revolution. Das ist nicht Mord und Totschlag, sondern Aufbau und Verwirklichung. Mit diesem Mittel wollen wir die sozialistische Gesellschaft der Gerechtigkeit und Wahrheit bei uns durchführen [...] Wir rufen das bayerische und darüber hinaus das deutsche Volk auf, mit uns gemeinsam die Verbindung mit den Völkern aller Länder herzustellen zu dem Ende, den internationalen Kapitalismus und Imperialismus von Grund aus zu stürzen und die Hand- und Kopfarbeiter zu Nutznießern des eigenen Werks zu machen." (Mühsam, 1920, S. 9).

Der aktionistische Elan, den Mühsam und seine Mitstreiter an den Tag legten, war nun allerdings ganz dazu angetan, Eisners Geduld und taktisches Geschick das eine oder andere Mal gehörig herauszufordern. Letzterer war ein unbedingter Anhänger der Pressefreiheit, zumal er selbst unter der Zensurwillkür mehrfach gelitten hatte. Diese zwei Fähigkeiten wurden am 6. Dezember 1918 ernstlich auf die Probe gestellt, als Mühsam und seine Anhänger die klerikale Zeitung „Bayrischer Kurier“ in einem Handstreich besetzten. Eisner forderte Mühsam und seine Mitstreiter auf, die Besetzung rückgängig zu machen. Dann kam es aber zu einer völlig verblüffenden Situation: Die „christlichen Drucker“ wollten die „revolutionäre Ausgabe“ durchaus drucken, schließlich hatten ihnen die Besetzer im Zuge einer Sozialisierungsaktion die Beteiligung am Betrieb zugesagt. Eisner gelang es mit Mühe, er eilte die ganze Nacht lang in München umher, alles wieder rückgängig zu machen. Die „Revolutionäre“ zogen ab und das Blatt erschien am nächsten Morgen in gewohnter Weise. Eine andere Gruppe nahm kurzfristig Innenminister Erhard Auer von der MSPD fest und zwang ihn unter Drohungen, seinen Rücktritt zu verkünden (Large, 2018). Allerdings zeigte Eisner auch Verständnis für Mühsams Aktionismus, den er „vom Geist der Liebe für ihn“ getragen sah (Large, 2018, S. 128ff.). Damit aber ermunterte er erst recht die radikalen Kräfte, denn nur wenig später wurde am 11. Dezember 1918 die Münchner Spartakusgruppe gegründet, die schließlich in die KPD mündete. Mühsam avancierte, obwohl kein offizielles Parteimitglied, zu einem der wichtigsten Redner der Münchner KPD. Diese Funktion endete aber Ende März 1919 abrupt, nachdem die Berliner Parteizentrale Eugen Levine nach München geschickt hatte, um die Partei nach bolschewistischem Muster zu reorganisieren. An der Ausrufung der Räterepublik Anfang April 1919 schien Mühsam jedoch maßgeblich beteiligt, wie seine Schilderungen der entscheidenden Stunden im nachträglich in der Festungshaft Ansbach verfassten Rechenschaftsbericht vermuten lassen: „Am Nachmittag des 4. April (Freitag) hatte ich an einer Betriebsversammlung teilgenommen, um auf Einladung der Betriebsräte ein Gutachten über Differenzen unter den Arbeitern abzugeben. Um sechs Uhr sollte im Wittelsbacher Palais eine Sitzung des RAR stattfinden. In dem Augenblick, als ich das Gebäude betreten wollte, kamen mir im Vorgarten eine Anzahl von Genossen entgegen, darunter mehrere Mitglieder des RAR (auch Landauer), der Vorsitzende des Zentralrats Niekisch und ein paar bekannte USP-Leute. Sie forderten mich auf, sofort umzukehren und mit ihnen zum Ministerium des Äußeren zu gehen, da die Räterepublik in Bayern sofort proklamiert werden solle. Ich glaubte zuerst, man wolle mich mit einem Witz aufziehen, erkannte aber bald, daß die Sache ernst war. Ich erhielt auf dem Wege folgende Aufklärungen: Niekisch war soeben von Augsburg zurückgekehrt, wo er ansässig war. Die Augsburger Arbeiterschaft stehe, wie bekannt war, im Generalstreik und habe die strikte Forderung gestellt, der Zentralrat in München solle sofort die Räterepublik ausrufen, die Regierung für abgesetzt erklären und die Diktatur dem Proletariat übertragen. Die Stimmung der kleinen Schar war sehr gehoben, und ich leugne nicht, daß sie auf mich überging und der Gedanke, daß der heiße Wunsch des Proletariats nun Erfüllung finden solle, mein Herz heftig schlagen machte […]" (Mühsam, 1920, S. 39 ff.).

Allerdings fehlten zunächst die Kommunisten, ihre Mitwirkung galt für Mühsam als essenziell. Nachdem sich der sozialdemokratische Stadtkommandant Dürr bereiterklärt hatte, eine etwaige Räterepublik zu unterstützen bzw. nicht zu verhindern, erhielten Mühsam und Landauer den Auftrag, eine Art Manifest auszuarbeiten, in dem am nächsten Morgen die Räterepublik verkündet werden sollte, und in dem auch schon die Namen der „Regierungsmitglieder", sie hießen nunmehr Volksbeauftragte, enthalten sein sollten. Die Aufteilung der Funktionen sollte paritätisch erfolgen. Mühsam und die anwesenden Mitglieder des RAR bestanden jedoch nach wie vor darauf, dass endgültige Beschlüsse erst gefasst werden sollten, wenn die KPD mit an Bord war. Dies gestaltete sich nach wie vor schwierig, denn besagter Max Levien war trotz mehrfacher Versuche, mit ihm in Kontakt zu treten, nicht greifbar. So beschloss man am Abend im Kriegsministerium eine neuerliche Zusammenkunft, allerdings in einem etwas größeren Kreis, abzuhalten. Dabei sollten die endgültigen Entscheidungen getroffen werden.

In den Abendstunden hatten sich tatsächlich etwa hundertfünfzig Personen im Sitzungssaal des Kriegsministeriums eingefunden. Darunter waren Mitglieder des RAR, unter denen viele gleichzeitig auch der KPD angehörten, dann offizielle Vertreter der MSPD, der USPD, der Gewerkschaften, die Schneppenhorst, Simon und Steiner sowie eine starke Abordnung des Bauernräte, Vertreter der Soldatenräte sowie Stadtkommandant Dürr und Polizeipräsident Staimer. Offizielle Vertreter der KPD fehlten allerdings noch immer. Als man sich endlich den Beratungen widmen wollte, kam es zu einem dramatischen Zwischenfall, der sich laut Mühsam so abspielte:

> „Während der Verhandlungen erschienen drei mir unbekannte Männer im Saal, und der Vorsitzende teilte mit, daß eine Delegation der KPD das Wort verlange. Zuerst sprach ein Genosse Schuhmann. Er erklärte zur grenzenlosen Überraschung sämtlicher Anwesenden, seine Partei protestiere gegen die Ausrufung der Räterepublik, die dieses Konventikel gar nicht beschließen dürfe, sondern die vom Rätekongreß angenommen werden müsse. Ich übernahm es, ihm sowie den beiden andern Sprechern der Partei zu antworten. Zunächst setzte ich noch einmal die Gründe auseinander, die schleuniges Handeln verlangen, erinnerte daran, daß sich der Rätekongreß als rückständige und willenlose Körperschaft erwiesen habe und daß der Zentralrat es sei, von dem jetzt die Initiative ausgehe, also durchaus die Instanz, die berufen sei, ein Provisorium zu schaffen, zu dem dann ein neuer auf Grund revolutionärer Rätewahlen einzuberufener Kongreß endgültig Stellung nehmen müsse […] Dann erhielt »Genosse Niessen« das Wort, ebenfalls ein allen Anwesenden gänzlich Unbekannter, dessen Identität mit Eugen Leviné erst einige Tage später bekannt wurde. Seine Ausführungen waren weitaus ernster zu nehmen als die seiner Vorredner. Alle Argumente, die er ins Feld führte, richteten sich gegen ein Zusammenwirken mit den Sozialpatrioten. Er verwies auf die verräterische Haltung der Sozialdemokraten in Berlin, in Hamburg, vor allem in Bremen, griff den anwesenden Minister Schneppenhorst und den Stadtkommandanten Dürr persönlich so scharf an, daß unter den Mehrheitssozialdemokraten (MSPD) großer Unwille entstand und Schneppenhorst selbst beinahe handgreiflich geworden wäre. Die Erregung über diesen unerwarteten Zwischenfall war außerordentlich" (1920, S. 45 ff.).

Levine warnte die Anwesenden „vor den Illusionen eines kampflosen Hinübergleitens in eine Räterepublik" (Schaupp, 2017, S. 162). Was Mühsam allerdings verschwieg war die Tatsache, dass die Zwischenrufe bei der Rede des „geheimnisvollen Genossen Nissen", also Eugen Levine, rasch in persönliche Beleidigungen, gepaart mit antisemitischen Beschimpfungen, abglitten. So bezeichnete der MSPD-Minister Schneppenhorst Levine „als Preußen und Juden, der in Bayern nichts zu suchen habe" (Schaupp, 2017, S. 154 ff.).

Trotz der heftigen Kritik und Ablehnung seitens der Kommunisten beschloss die Versammlung, während der nächsten zwei Tage Delegierte ins Land zu schicken, vor allem in die größeren bayerischen Städte, um nicht nur die Stimmung zu testen, sondern auch kräftig Agitation zu betreiben. Am Abend des 6. April 1919 fand dann im Wittelsbacher Palais, und zwar im ehemaligen Schlafzimmer der Königin, die finale Besprechung zur Ausrufung der Räterepublik statt. Dabei gelang es Mühsam als Sprecher des RAR den Ausschluss aller MSPD-Mitglieder von Ämtern innerhalb der künftigen Räterepublik zu erreichen, nicht aber die Beteiligung der USPD (Schaupp, 2017). Weit schmerzlicher für ihn war aber die Tatsache, dass sich die Kommunisten dem neuen Gebilde standhaft verweigerten, obwohl sie zwar auch eine Räterepublik wollten, aber eben eine zu ihren Bedingungen.

In den frühen Morgenstunden des 13. April 1919 wurde Mühsam in seiner Wohnung von Angehörigen der sozialdemokratisch orientierten republikanischen Schutztruppe festgenommen, zum Münchner Hauptbahnhof eskortiert und schließlich im oberfränkischen Ebrach interniert (Schaupp, 2017). Die Ausrufung und den Untergang der zweiten, kommunistischen Räterepublik konnte er daher nur mehr aus der Ferne verfolgen.

Protagonisten 4: Gustav Landauer – Philosoph, Anarchist und Politiker

Am 17. April 1919 lernte der den Revolutionären gegenüber durchaus kritisch eingestellte Journalist Victor Klemperer Gustav Landauer höchst persönlich kennen und er vermeinte folgenden Eindruck von ihm gewonnen zu haben:

> „[...] macht der hagere Mann [...] einen völlig kultivierten, weder revolutionären noch proletarischen Eindruck; die großen braunen Augen blicken viel eher gütig als fanatisch, Stimme und Ausdrucksweise sind von geschliffener Milde [...]" (2015, S. 124 ff.).

Der hier als völlig kultiviert Beschriebene war in der Tat ein feinsinniger, sprachbegabter Philosoph.

Abb. 11 Gustav Landauer

In Landauers Schrift „Die Revolution" finden sich entscheidende Eckpfeiler seiner Geschichtsphilosophie. Darin unterscheidet er zwischen vorwärtsdrängender Utopie und der Topie des Bestehenden. Utopie war dabei die Reinheit der gesamten Bestrebungen hin zur Veränderung.

Revolution war für Landauer die Zeitspanne, in der die alte Topie nicht mehr bestehe, die neue Topie aber noch nicht feststehe. Damit näherte er sich den Vorstellungen des italienischen marxistischen Philosophen Antonio Gramsci, für den die Revolution jener Zustand war, indem das Neue sich schon mächtig am Horizont abzeichnete, aber das Alte noch nicht gänzlich verschwunden war. Jede Utopie bestand gemäß Landauer aus zwei Aspekten: aus der Reaktion gegen die Topie, aus der sie erwächst und aus der Erinnerung an die bekannten Utopien. Ebenso stünden in jeder Topie die siegreichen Elemente der vorhergegangenen Utopie, die seiner Ansicht nach aus dem Willen entstanden und tatsächlich auch Wirklichkeit geworden waren. Dazu gesellten sich die erhaltenen Elemente der früheren Topie. Revolution war für ihn in einer pessimistischen Sichtweise bloß das Zeitalter des Übergangs von einer Topie zur anderen, also die Grenze zwischen zwei Topien.

Folgerichtig postulierte Landauer auf dem Rätekongress: „Wenn wir jetzt nicht erklären, dass diese Versammlung die souveräne, gesetzgebende Gewalt für den Augenblick ist, dann sind wir nicht einmal Hampelmänner, dann sind wir gar nichts" (Schaupp, 2017, S. 124).

Landauer zeigte aber auch in einem ganz anderen Bereich eine durchaus eigenwillige und zugleich „revolutionäre" Facette. Während des 1. Gesamtbayerischen Rätekongresses wurde die enge Verbindung zwischen Gustav Landauer und Eisners Witwe, Else Eisner-Belli, offenkundig. Er selbst hatte vor wenigen Wochen seine Frau Hedwig verloren, die an den Folgen einer schweren Lungenentzündung gestorben war. Anfang März 1919 waren sie sich dann anscheinend so nahe gekommen, dass sie beschlossen, den Rest ihrer Tage zusammenzubleiben, dann allerdings ohne Trauschein. In einer schriftlichen Erklärung an ihre Freunde hieß es am Schluss rechtfertigend: „[…] Unseren Freunden sind wir diese Erklärung schuldig, der niederträchtigen Konvention stehen wir nicht Rede" (Schaupp, 2017, S. 134).

Landauer löste sich damit von einer Überzeugung, für die er lange Zeit beharrlich eingetreten war, nämlich die Verteidigung der Institution Ehe. Das war nun freilich ganz im Gegensatz zu seinen anarchistischen Mitstreitern, die ja die freie Liebe predigten und praktizierten und führte auch zu Spannungen zwischen ihm und Erich Mühsam. Während Landauer in der ehelich unterbauten Familie die Voraussetzung der „Ordnung durch Bünde der Freiwilligkeit" sah, enthielt für Mühsam die Ehe „eine die Natur vergewaltigende, tief freiheitswidrige und reaktionären Interessen dienende Sklavenmoral" (Mühsam, 2003, S. 190).

Allerdings lebte Landauer bereits davor einen eher unkonventionellen Stil seiner Ehe. So hatte er verschiedene Geliebte, unter anderem die Sozialistin Margarethe Faas-Hardegger, die er während einer Vortragsreise in der Schweiz kennengelernt hatte. Um sich nicht von ihr trennen zu müssen, plante er gar, sie in sein Haus nach Krumbach zu holen. Dort sollte eine Art „Menage a Troi" praktiziert werden, zu der sich seine Frau Hedwig schließlich bereiterklärte. Landauer schwor damit der „institutionellen Seite dieser Doppelmoral“ (Schaupp, 2017, S. 135) ab.

Landauers politische Leitidee betonte einen freiheitlichen Sozialismus, der nicht durch starre Gesetzmäßigkeiten und politisches Herumtaktieren bestimmt wurde, sondern als dynamischer Prozess verstanden werden musste. In „Staat und Geist“ definierte er Sozialismus als permanente Option „… zu jeder Zeit und bei jedem Stande der Technik möglich, wenn eine genügende Anzahl Menschen ihn wollen, die vom Geiste der Gerechtigkeit erfüllt sind …“ (1978, S. 8). Landauer deutete den Sozialismusbegriff als ein freiwilliges Wagnis mit keineswegs gewissem Ausgang, der allerdings beim einzelnen Individuum zu beginnen hatte.

Den Staat, gleichgültig ob in seiner bürgerlich-kapitalistischen oder sozialistisch-zentralistischen Ausprägung, sah er als größtes Hindernis für die Verwirklichung der Freiheit des Individuums an. Landauer gelangte daher zu einer rigorosen Schlussfolgerung: „Wo Geist ist, da ist Gesellschaft. Wo Geistlosigkeit ist, da ist Staat. Der Staat ist das Surrogat des Geistes“ (Entstaatlichung 1978, S. 22) und zog einen klaren Trennungsstrich zwischen Staat und Individuum.

Wodurch sollte aber der von ihm abgelehnte Staat ersetzt werden?

Anstelle der entmündigenden Staatsmaschinerie sollte der freiwillige Zusammenschluss freier und selbstverantwortlicher Menschen, die in der Gemeinschaft zum Wohle aller agierten, treten. Landauer wies jedoch den Gedanken einer sozialen Revolution, die schlagartig eine neue Sozialordnung einführen wollte, weit von sich. Erst der unerwartet rasche Zusammenbruch der politischen und militärischen Gewalten im Rahmen der Novemberrevolution bewirkte ein Umdenken.

Landauer unterschied sich von Mühsam, der Bakunins Propaganda der Tat durchaus nicht abgeneigt war, in der strikten Ablehnung jeglicher politischer Gewalt als Mittel der Revolution. In seinen „Leitsätzen der Politik“ entwickelte Landauer die idealen Grundlagen einer freien und föderalen Gemeinschaft:

Im Rahmen einer selbstverwalteten und basisdemokratisch organisierten Gemeinde regelt jeder erwachsene Mann und jede erwachsene Frau ihre Angelegenheiten selbständig. Als Träger der Gemeindepolitik wirken permanent tagende allgemeine Volksversammlungen.

Diese Gemeindeversammlungen ernennen wiederum Beauftragte zu selbständigem Handeln im Dienste der Gemeinde. In den Angelegenheiten, die über den lokalen Bereich hinausgehen, schließen sich die einzelnen Einheiten zu föderalen Bezirks-, Kreis-, Provinz- und Landesverbänden zusammen, um im Geiste der Gleichberechtigung und Gleichrangigkeit ihre Beziehungen zu gestalten.

Die Delegierten haben im Sinn eines imperativen Mandats lediglich den Willen der Gemeinden auszuführen. Sie stehen unter ständiger Kontrolle der Gemeinde, die sie wiederum jederzeit abberufen und durch andere ersetzen können. Es gibt keine anderen öffentlichen Gewalten „als die von den Gemeinden eingesetzten und anerkannten" (Entstaatlichung, 1978, S. 36 ff.). Wenngleich Landauer an keiner Stelle den Rätebegriff direkt verwendet, so verweisen die darin konzipierten Organisationsstrukturen und Prinzipien auf das Grundmuster der rätedemokratischen Modelle, die im Laufe der Novemberrevolution konzipiert wurden.

Mit einigen Gleichgesinnten gründete Landauer 1908 den „Sozialistischen Bund", der sich in Gruppengemeinschaften ohne Zentralinstanz organisierte und in zwölf Artikeln eine kommende, vom Geist des Sozialismus und Anarchismus geprägte, Gesellschaft entwarf.

Zentrales Anliegen war die Verbindung von Anarchismus und Sozialismus. Anarchie fungierte hier als Ordnung durch Bünde der Freiwilligkeit, während Sozialismus als Grundform der selbständig wirtschaftenden, untereinander in Gerechtigkeit tauschenden Wirtschaftsgemeinden verstanden wurde. Nun war sich aber Landauer durchaus bewusst, dass die Intentionen des Sozialistischen Bundes erst zur Entfaltung gelangten, „wenn sich ihm größere Massenteile angeschlossen haben. Bis dahin ist seine Aufgabe: Propaganda und Sammlung" (Staat und Geist, 1978, S. 20).

Landauer übersiedelte gegen Ende des Krieges von Berlin nach Krumbach in Schwaben. Mitte November 1918 folgte Landauer dem Ruf von Kurt Eisner nach München, um dort als Redner an der „geistigen Umbildung der Seelen" (Brandies o. D. S. 47) mitzuwirken. Die gegenseitige Sympathie der beiden Intellektuellen beruhte vor allem auf der gemeinsamen Vorstellung eines geistigen Sozialismus, indem Theorie und Praxis vollkommen übereinstimmten.

Im Anschluss an die große Demonstration auf der Theresienwiese am 16. Februar 1919 fand im Deutschen Theater eine Abschlusskundgebung statt. Dort präzisierte Landauer erstmals seine Vorstellungen eines Rätemodells: Die Nationalversammlung für das Deutsche Reich dürfe nur aus Delegierten der autonomen Republiken bestehen. Diese wiederum sollten in besonderen Versammlungen als Delegierte aus den Korporationen, Arbeiter-, Bauern- und Soldatenräte hervorgehen. Wobei Landauer den Begriff Arbeiter sehr dehnbar auslegte. Arbeiter/Arbeiterin konnte seiner Ansicht nach auch die tüchtige Hausfrau, der tätige Kaufmann oder Fabrikant, der Maler, der Bildhauer, der Musiker, der Schriftsteller und auch der Beamte sein.

Das Stimmabgabeverfahren musste gemäß Landauers Vorstellungen radikal geändert werden. Er bezeichnete die direkte und geheime Wahl als Wahlsystem der verflossenen Zustände. An ihre Stelle sollte das korporative (indirekte) und öffentliche Wahlrecht und das imperative Mandat treten. Letzteres bedeute unter negativen Umständen die sofortige Abberufung der Delegierten. Jeder Delegierte war in diesem Rätemodell nicht Volksbeauftragter, sondern Beauftragter der permanent tagenden Korporationen. Damit sollte das „verruchte parlamentarische Parteiherrschafts-System" (Schaupp, 2017, S. 114) abgeschafft werden.

Landauers politisches Wirken kam eigentlich erst nach Eisners Tod zur vollen Entfaltung. Am 23. Februar 1919 nahm der neu gebildete elfköpfige Zentralrat für Bayern unter dem Vorsitz des MSPD-Mannes Ernst Niekisch seine Arbeit auf. Bereits zwei Tage später hatte er seine erste große Bewährungsprobe zu meistern und zwar im Rahmen des 1. Gesamtbayerischen allgemeinen Rätekongresses, der im Gebäude des ehemaligen Landtags, abgehalten wurde. Mehr als 300 Delegierte aus dem gesamten Land waren nach München gekommen.

Der Unterschied zum früheren Landtag hätte nicht größer sein können. Die verschiedenen Delegationen wurden unbürokratisch angehört. Auch von den Zuschauertribünen waren nun Interventionen möglich. Relativ rasch kristallisierten sich zwei sich gegenseitig bekämpfende Lager heraus. Auf der rechten Seite die MSPD, der rechte Flügel der USPD unter Felix Fechenbach und der Großteil der Bauern- und Soldatenräte. Auf der linken Seite wiederum standen die zehn Delegierten des RAR um Erich Mühsam, Vertreter der Arbeitslosen und der demobilisierten Soldaten, der linke Flügel der USPD um Ernst Toller sowie eine Minderheit der Bauernräte.

Die rechte Seite, die in der Mehrheit war, versuchte eine parlamentarische Regierung wiederherzustellen, die sie dann dominieren wollte. Die zahlenmäßige Unterlegenheit der Linken machte sich allerdings lautstark bemerkbar. Das waren vorrangig dauernde Zurufe der Radikalen von der Zuschauertribüne. Überdies gab es ständig Versammlungen vor allem von Vertretern der Arbeitslosen, die nahezu täglich revolutionäre Forderungen an den Kongress stellten (Schaupp, 2017).

Der Kongress begann mit einem ausführlichen Bericht des Zentralrates über die Ermordung Eisners und die danach erfolgten Maßnahmen. Dann ergriff Gustav Landauer das Wort und forderte unter stürmischem Beifall, dass der Rätekongress zum obersten Organ der Gesetzgebung erklärt werden müsse. Ziemlich pathetisch rief er: „Was von jetzt an, von Stund' an, von uns beschlossen wird, das ist Dekret, das ist Gesetz für die Republik Bayern" (Schaupp, 2017, S. 124). Es schien, als würde mit einem Male aus dem glühenden Antipolitiker Landauer Schritt für Schritt ein überzeugter Politiker (Schaupp, 2017).

Während der knapp einwöchigen ersten Räterepublik bekleidete Landauer das Amt des Volksbeauftragten für Volksaufklärung, Unterricht, Wissenschaft und Künste. Bereits am 7. April 1919 setzte er einen revolutionären Hochschulrat ein. Dieses Gremium hatte alle Vollmachten für die Durchführung einer Hochschulreform. Die konservative Professorenschaft, aber auch die konservativen Studenten widersetzten sich vehement diesem Vorhaben. Es kam zu Demonstrationen bzw. Versammlungen, bei denen die Rätebefürworter kräftig ausgebuht wurden (Schaupp, 2017). So beschloss Landauer die vorläufige Schließung der Universität. Der revolutionäre Hochschulrat sollte als allein zuständiges Gremium den Aufbau der neuen Hochschule vorbereiten. Dabei erhielten Bildung und Selbstverwirklichung einen großen Stellenwert und sollten nunmehr die Elitenförderung ablösen. Für kritische Geister wie Victor Klemperer unterlagen die vermeintlichen Reformen einem gewaltigen Trugschluss. Landauer glaubte an zu viel Utopisches: einen revolutionären Umbruch in der Hochschullandschaft eingeführt und eine Erleichterung des Zugangs zur Universität ermöglicht zu haben. Er glaubte, die Professoren gezwungen zu haben, lebensnaher zu unterrichten, indem er ganz die Verzopften abgesetzt habe. Er wollte allen Ernstes die juristische Fakultät abschaffen. Er hätte auf die Freiheit der Wissenschaften gedrungen. Die Lehre der Nationalökonomie müsse nur in einer Übergangszeit zur Erziehung und Zurechtweisung einer Generation noch auf dem Lehrplan stehen. Natürlich durften ausschließlich Sozialisten auf den nationalökonomischen Lehrstuhl gehievt werden. Klemperer gewann den Eindruck, dass Landauer etwas mehr war als Eisner und zwar ernster, etwas gebildeter, etwas idealistischer, etwas radikaler und etwas ungeeigneter als Staatsmann, aber in Summe derselbe hoffnungslose Idealist (2015).

Wenngleich er stets einen optimistischen und kämpferischen Impetus vorgab, war er doch innerlich von Zweifeln und Vorahnungen geplagt. So schrieb er am 7. April 1919 an seinen Freund, den Schriftsteller Fritz Mauthner: „Ich bin nun Beauftragter für Volksaufklärung, Unterricht, Wissenschaft und Künste und noch einiges. Lässt man mir ein paar Wochen Zeit, so hoffe ich etwas zu leisten; aber leicht möglich, dass es nur ein paar Tage sind, und dann war es ein Traum" (Large, 2018, S. 144).

Es dauerte weniger als einen Monat, dann wurde Landauer nach der vollständigen Niederlage der Räterepublik verhaftet, von Freikorps-Soldaten im Gefängnis München-Stadelheim zuerst brutal gefoltert und dann erschossen.

Protagonisten 5: Ernst Toller – Revolutionär mit Leib und Seele

> „Der Krieg ließ mich zum Kriegsgegner werden, ich hatte erkannt, daß der Krieg das Verhängnis Europas, die Pest der Menschheit, die Schande des Jahrhunderts ist" (1980, S. 63).

So beschreibt Ernst Toller sein Schlüsselerlebnis, das in ihm eine geistige Umwandlung hervorrief und ihn schließlich zu einer zentralen Figur der Bayerischen Revolution werden ließ. Zunächst hatte sich der im polnischen Samotschin geborene Toller als Kriegsfreiwilliger an die Front gemeldet, wurde aber nach einer schweren Magen- und Herzerkrankung 1916 aus der Armee entlassen. Er kam im Zuge der Jänner-Streikbewegung 1918 mit Kurt Eisner in Kontakt, hörte seine Reden und besuchte häufig seine Versammlungen. Er, der zuvor nach eigenem Bekunden mit den Zielen der Arbeiterbewegung überhaupt nicht vertraut war, ja in seiner Umgebung stets vom zerstörerischen Potenzial der Sozialisten gehört hatte, wurde nun zu einem ihrer bedingungslosen Anhänger und musste dafür fürs Erste gleich ins Gefängnis (Toller, 1980).

Am 9. November 1918 nahm im Hause Toller in Landsberg die Erregung zu. Nachrichten von einer Revolution in München wurden immer konkreter, denn „auch in Bayern war das Volk kriegsmüde [...] Vom Hause Wittelsbach erwarteten sie nichts mehr, der König, sagten die Bauern, hat sich von Berlin einwickeln lassen, würde er sich sonst nicht gegen die bürokratischen Kriegsgesellschaften, die agrarischen Zwangsmaßnahmen gewehrt haben?" (Toller, 1980, S. 82). Toller eilte nach München und wurde vom Zentralrat der bayerischen Arbeiter-, Bauern- und Soldatenräte zum zweiten Vorsitzenden gewählt. Die Münchner delegierten ihn zum großen reichsweiten Rätekongress nach Berlin, dem er mit gespannter Erwartung entgegensah – und voller Enttäuschung verließ: „Welche Zerfahrenheit, welches Unwissen, welcher Mangel an Willen zur Macht beweist er! Der deutsche Rätekongress verzichtet freiwillig auf die Macht [...]" (Toller, 1980, S. 82).

Wie anders erschien im dagegen Kurt Eisner. Er schätzte an ihm sein Eintreten für die Rätedemokratie, wo „von unten her [...] der Geist des Lebens und der Wahrheit als kritischer, belebender, anfeuernder Geist das Tagewerk der Gesellschaft durchdringen" (Toller, 1980, S. 85) sollte.

Umso mehr aber störte ihn Eisners Zustimmung zu baldigen Landtagswahlen. Toller wollte das Schicksal der Republik nicht einem Zufallsergebnis fragwürdiger Wahlen und des unaufgeklärten Volkes überlassen (Large, 2018). Es war das sichtbare Zeichen dafür, dass Eisner mit seiner Strategie gescheitert war. Überdies hatte er nach Ansicht Tollers damit die guten Beziehungen zu den Räten aufs Spiel gesetzt. Dass die Stimmung im Bürgertum und innerhalb der MSPD gegenüber Eisner und den linken Revolutionären im Laufe des Februar 1919 immer bedrohlicher wurde, konnte Toller höchstpersönlich selbst erleben. So geschehen, als er mitten in eine Versammlung der Münchner MSPD hineinplatze und erregt rief: „Liebknecht und Luxemburg sind ermordet!" Die Menge quittierte dies mit Bravo-Rufen und hasserfüllten Kommentaren wie „Recht ist ihnen geschehen, den Hetzern!" (Schaupp, 2017, S. 109). Am 21. Februar, Toller war auf der Fahrt von St. Moritz nach Bayern, hörte er während einer Fahrtunterbrechung auf einer Bahnstation plötzlich erregtes Rufen eines Schweizer Bahnschaffners. Er verkündete die niederschmetternde Nachricht, dass Kurt Eisner in München ermordet worden war (Toller, 1980). Tollers „ politische Stunde" sollte nun bald kommen.

Nachdem der elfköpfige Zentralrat unter dem Vorsitz von Ernst Niekisch am 23. Februar 1919 seine Arbeit aufgenommen hatte, begann bereits zwei Tage später der mit Spannung erwartete erste gesamtbayerische Rätekongress mit mehr als 300 Delegierten, die aus Stadt und Land angereist waren. Sogleich entstanden zwei sich gegenseitig bekämpfende Lager. Auf der rechten Seite standen MSPD, der rechte Flügel der USPD unter Felix Fechenbach und der Großteil der Bauern- und Soldatenräte. Auf der linken Seite wiederum befanden sich die zehn Delegierten des RAR um Erich Mühsam, Vertreter der Arbeitslosen und der demobilisierten Soldaten, der linke Flügel der

USPD sowie eine Minderheit der Bauernräte (Schaupp, 2017). Toller zählte sich zum linken Flügel der USPD.

Draußen auf der Straße blieb die Atmosphäre während des Rätekongresses aufgeheizt. So wechselten sich in München Demonstrationen und Massenveranstaltungen beständig ab, darunter befanden sich Arbeitslose, Soldaten, Arbeiterinnen und Räteanhänger. Sie marschierten zur Unterstützung der Räterepublik auf die Straßen und besuchten Versammlungen, kritisch beäugt wurden sie dabei von der Stadtkommandantur und der sozialdemokratisch orientierten republikanischen Schutztruppe.

Der dritte Sitzungstag hatte es nun allerdings in sich. Gleich zu Beginn nämlich las der Vorsitzende des Landessoldatenrates, Fritz Sauber, aus einem Telegramm aus Nürnberg vor. Darin plädierten ehemalige Minister wie Schneppenhorst und Hoffmann, allesamt MSPD für ein militärisches Vorgehen gegen die Räte in München.

Darüber aufs Höchste schockiert, arbeitete man unter Hochdruck einen Kompromissantrag aus. Darin waren folgende Eckpunkte enthalten:

- Der Landtag sollte vorerst nicht zusammentreten.
- Das Plenum des Gesamtkongresses sollte als Ersatz dafür einen „provisorischen Nationalrat“ berufen.
- Dieser Nationalrat sollte aus maximal 250 Mitgliedern bestehen, die von den acht Kreisen gewählt werden sollten.
- Diese wiederum sollten einen 33-köpfigen Aktionsausschuss wählen, der sich aus Mitgliedern der Vollzugsausschüsse der Arbeiter-, Bauern- und Soldatenräte, Vertretern der MSPD, USPD, des RAR und des BBB zusammensetzen würde.
- Die Mitglieder des Aktionsausschusses konnten dabei jederzeit vom Nationalrat abberufen werden.
- Der Aktionsausschuss sollte seinerseits einen 7-köpfigen Zentralrat wählen.
- Alle Delegierten des 1. Gesamtbayerischen Rätekongresses sollten ein Ministerium von Volksbeauftragten wählen, das sich gegenüber dem Nationalrat zu verantworten hätte.

– Schließlich sollte diese „Verfassung", unter Annahme der baldigen Konsolidierung der Verhältnisse, dann dem Volk zur Abstimmung vorgelegt werden (Schaupp, 2017).

Im Anschluss an die Präsentation kam es aber zu heftigen Debatten, die jäh und unvermittelt unterbrochen wurden. Plötzlich stürmte ein Trupp der republikanischen Schutztruppe in den Saal und verhaftete beispielsweise Max Levien, Erich Mühsam und Gustav Landauer. Die Schutztruppe scheute dabei auch nicht davor zurück, physische Gewalt anzuwenden. Warum veranstaltete man dieses Spektakel? Dem Vernehmen nach sollte mit dieser kuriosen Aktion eine kommunistische Regierung mit allen Mitteln verhindert werden. Soweit so gut. Die ganze Angelegenheit drohte aber mit einem Male brandgefährlich zu werden, da sich die loyale Landtagswache gegen die republikanische Schutztruppe stellte. Heftige verbale Zurufe wogten hin und her, Maschinengewehre wurden vorsorglich in Stellung gebracht und es drohte plötzlich eine gewaltsame Auseinandersetzung. Schließlich befahl Stadtkommandant Dürr im letzten Moment die Freilassung der zuvor Verhafteten. Sie kehrten umgehend in den Sitzungssaal zurück.

Wieder ins Plenum zurückgekehrt, forderte Mühsam die sofortige Ausrufung der Räterepublik. Der Kommunist Levien verlangte gar deren Ausrufung am folgenden Sonntag und zwar unter Anwesenheit des Zentralrates, des Aktionsausschusses und des Rätekongresses. Bei der Abstimmung erreichte die Spannung ihren Höhepunkt, wohl auch weil eine draußen vor dem Gebäude inzwischen in beträchtlicher Größe aufmarschierte Menge lauthals skandierte: „Alle Macht den Räten!" (Schaupp, 2017, S. 128).

Das Ergebnis der Abstimmung mit einem eindeutigen Quorum von 234:70 gegen die Räterepublik war eine veritable Niederlage der radikalen Befürworter einer sofortigen Ausrufung und stärkte umgekehrt die rechten bzw. gemäßigten Delegierten des Rätekongresses.

Zu einer Zerreißprobe für den Rätekongress wurde jedoch die Annahme oder Ablehnung des sogenannten „Nürnberger Kompromisses".

Worum ging es bei diesem, auf dem Rätekongress so heiß diskutierten, Vorschlag?

Am 2. März hatte in Fürth die Landeskonferenz der MSPD stattgefunden. Der wichtigste Punkt auf der Tagesordnung war dabei die Nichtanerkennung der auf dem Rätekongress gewählten Regierung unter dem MSPD-Minister Segitz (Merz in: http://www.historisches-lexikon-bayerns.de, letzter Zugriff am 21.1.2019).

Noch am selben Tag ergingen an die bürgerlichen Parteien und auch an die USPD Einladungen, zu Verhandlungen nach Nürnberg zu kommen. Ernst Toller nahm von Seiten der USPD nicht daran teil, wohl aber Felix Fechenbach. In Nürnberg wurde nun eine Vereinbarung getroffen, die besagte, dass der Landtag als die einzige gesetzgebende Gewalt fungieren sollte und andererseits den Räten eine Mitwirkung an der Regierung zu verwehren sei. Aus Punktum!

Drei Tage später, am 5. März 1919, setzte der Rätekongress seine Sitzungen fort. Das MSPD-Mitglied Max Süßheim stellte dabei zur Verblüffung aller Anwesenden und zum besonderen Ärger der Linken, namentlich Mühsam, Landauer und Toller den „Nürnberger Kompromiss“ vor. Er argumentierte dahingehend, dass bei einer Ablehnung durch die Räte die Gefahr bestünde, dass sich der Landtag mit seiner bürgerlichen Mehrheit eine sicher nicht gewünschte, aber dann reaktionäre, Regierung wählen würde. Auch Felix Fechenbach, er hatte bekanntlich in Nürnberg teilgenommen, war auf USPD-Seite für die Annahme, was ihn in scharfem Gegensatz zu Toller brachte. Allerdings konnte auch Toller nicht verhindern, dass mit der Mehrheit der gemäßigten Delegierten beschlossen wurde, zwischen dem Rätekongress und den Protagonisten des „Nürnberger Kompromisses“ neu zu verhandeln.

Am 8. März 1919 ging es scheinbar ans Eingemachte. Es sollte an diesem Tag im Rätekongress endlich über den „Nürnberger Kompromiss“ abgestimmt werden. Die Linke um Erich Mühsam beantragte zunächst, die Abstimmung vom Tagesordnungspunkt abzusetzen und dafür den Gesamträtekongress zur höchsten Instanz Bayerns zu erklären. Das wurde aber umgehend abgelehnt. Landauer wiederum wollte bei allen Punkten des „Nürnberger Kompromisses“ Änderungen anbringen lassen. In seiner Kritik wetterte er dabei sowohl gegen die rechte MSPD wie auch gegen die linke USPD. Doch es half nichts, denn der „Nürnberger Kompromiss“ wurde bei der folgenden Abstimmung praktisch unverändert angenommen. Obwohl Ernst Toller als letzter Redner noch einmal die Ablehnung der USPD zu diesem Kompromissvorschlag bekräftigte und mit einem leidenschaftlich vorgetragenen Appell alle Sozialisten aufforderte: „Tretet in Opposition! Haltet euch in Bereitschaft und wartet den Augenblick ab, wo wir zur dritten und endgültigen Revolution des Sozialismus der Gesinnung [...] schreiten können" (Schaupp, 2017, S. 144) verhallten seine Worte ungehört, denn unmittelbar darauf schritt man zur Wahl eines neuen Ministeriums, bei dem man ganz dem „Nürnberger Kompromiss" folgend, den MSPD-Politiker Johannes Hoffmann zum Ministerpräsidenten kürte.

Während bei den Sitzungen im Landtagsgebäude tagelang um die Form der zukünftigen Rätedemokratie gerungen wurde, kam es abseits davon, während der Sitzungspausen zu wichtigen Entscheidungen.

Am 7. März beispielsweise galt es einen Vollzugsausschuss und den Zentralrat neu zu wählen. Das Ergebnis war dann so: Ernst Niekisch wurde neuerlich zum Vorsitzenden des Zentralrates gewählt. Ernst Toller und Max, der Kommunist, Levien wurden neuerlich in den Aktionsausschuss gewählt. Bedeutsamer für Toller aber war ein anderes Ereignis: Am gleichen Tag hatte die Münchner USPD eine Versammlung anberaumt. Dort konnte sich Ernst Toller vom linken Flügel der USPD gegen den ehemaligen Privatsekretär Eisners, Felix Fechenbach, vom rechten Flügel bei der Wahl zum Vorsitzenden durchsetzen. Sofort drängte er seine Partei, sich vom sogenannten „Nürnberger Kompromiss" abzusetzen. In einer Erklärung hieß es unter anderem: „[...] Die U.S.P. Münchens wendet sich entschieden gegen die Kompromisspolitik der mehrheitssozialistischen Führer, die jetzt noch glauben, mit bürgerlichen Reformen der Sache des Sozialismus zu dienen. Es kommt [...] einzig darauf [an], die Ursachen, die im kapitalistischen System liegen, zu beseitigen" (Schaupp, 2017, S. 140). Damit wollte Toller in Bezug auf Parlamentarismus versus Rätedemokratie den Kurs der USPD klar in Richtung hin zu letzterem signalisieren.

Toller erkannte scharfsichtig die damit eingeleitete Selbstentmachtung der Räte. Gleichzeitig offenbarte er die Differenzen innerhalb der bayerischen USPD, da er sich von jenem rechten USPD-Flügel distanzierte, der am Zustandekommen beteiligt war. In einem flammenden Appell forderte er die Einheit der Arbeiterschaft und ihre Selbstorganisierung „über die Köpfe der Parteienvertreter" (STB o. D., S. 111ff.) hinweg.

Knapp zwei Monate später kam es tatsächlich zur Ausrufung der ersten Räterepublik. Toller übernahm nach nur zwei Tagen auch den Vorsitz im Zentralrat, nachdem der bisherige Vorsitzende Ernst Niekiesch frustriert ob der Haltung der eigenen Partei das Handtuch geworfen hatte. Unmittelbar vor der Ausrufung der Räterepublik mischten sich bei Toller zur Freude und Erleichterung sogleich auch Zweifel: „[...] Als ich das Wittelsbacher Palais verlasse, dämmert der Morgen. Die Revolution hat gesiegt. Hat die Revolution gesiegt? Diese Räterepublik ist ein tollkühner Handstreich verzweifelter Arbeitermassen, die verlorene deutsche Revolution zu retten [...] (Toller, 1980, S. 90). Am nächsten Tag freilich war die Zuversicht zurückgekehrt: „Der erste Tag der Räterepublik, Nationalfeiertag. Auf den Straßen festlich gekleidete Arbeiter, scheu und ängstlich drängen sich die Bürger und sprechen über die Geschehnisse der letzten Nacht, Lastwagen mit Soldaten durchfahren die Stadt, auf dem Wittelsbacher Palais weht die rote Fahne [...]“ (Toller, 1980, S. 90).

Dass aber die Stimmung auf dem flachen Lande gegenüber dem revolutionären Treiben in München aufs Äußerste angespannt, ja feindselig blieb, konnte Toller am eigenen Leib erfahren. Nach einer Bruchlandung humpelte er zusammen mit seinem verletzten Piloten ins nächste Landgasthaus, wo man sie glücklicherweise für Franzosen hielt. Ein kontrollierender Gendarm klärte Toller unmissverständlich auf: „[...] wenn die wüßten, daß Sie einer von die Roten san, die täten Eahna auf der Stell totschlagen“ (Toller, 1980, S. 88).

Als sich das Experiment rasch als gescheitert herausstellte, bekannte er freimütig: „Die Räterepublik läßt sich nicht halten, die Unzulänglichkeiten der Führer, der Widerstand der Kommunistischen Partei, der Abfall der Rechtssozialisten, die Desorganisation der Verwaltung, die zunehmende Knappheit an Lebensmitteln, die Verwirrung bei den Soldaten, alle diese Umstände müssen den Sturz herbeiführen und der sich organisierenden Konterrevolution Kraft und Elan geben [...] Diese Räterepublik war ein Fehler, Fehler muß man eingestehen und ausmerzen. Schon verhandeln Soldatenräte und Rechtssozialisten auf eigene Faust mit der Gegenregierung, wir dürfen keine Zeit verlieren, die Konterrevolution bedroht uns in den eigenen Reihen“ (Toller, 1980, S. 96). Im Rahmen der zweiten kommunistischen Räterepublik war Toller mehr Getriebener als Gestalter. Nachdem die Betriebsräteversammlung am 13. April einen fünfköpfigen Vollzugsrat unter dem Vorsitz der Kommunisten Levien und Levine und zugleich einen fünfzehnköpfigen Aktionsausschuss installiert hatte, resignierte

Toller und mit ihm der bisherige Zentralrat. Im von Toller verlesenen Aufruf wurde freilich die Einheit der revolutionären Arbeiterschaft aufs Neue beschworen, wenn es etwa hieß: „Die Sozialverräter haben versucht, im Verein mit der Bourgeoisie und bezahlten Söldnern, die Macht der Arbeiter zu stürzen. Der Versuch ist misslungen! Die Arbeiterschaft, geeint durch das gleiche Ziel und den gleichen harten Willen, hat mit ihren Leibern den Sieg über die Konterrevolution errungen [...] Ein neues Stadium der Revolution ist eingetreten. Der alte provisorische revolutionäre Zentralrat, dessen Mitglieder zum größten Teil verhaftet sind, ist durch den Gang der Ereignisse erledigt. An seine Stelle trat der von der Arbeiterschaft Münchens gewählte Aktionsausschuss, der die Macht übernommen hat! [...]" (Schaupp, 2017, S. 200).

Bald aber erkennt er die aussichtlose Situation: „Auch die Kommunisten wissen, daß unsere Lage unhaltbar ist, aber sie dringen auf militärische Entscheidung, jede Verhandlung mit der Bamberger Regierung sei Verrat, sie erhoffen von der Niederlage (Niederlage der rechten Freikorps bei Dachau, Anm. des Verfassers) mächtige revolutionäre Antriebe [...]" (Toller, 1980, S. 111). Am 26. April trat er als Kommandeur der Roten Armee zurück. In der entscheidenden Versammlung der Betriebsräte im Münchner Hofbräuhaus am 27. April warb Toller ein letztes Mal für Verhandlungen mit der verhassten „Exilregierung Hoffmann" und konnte sich nur mit Mühe einer Verhaftung durch die Kommunisten entziehen (Schaupp, 2017).

Nach dem raschen Sieg der Gegenrevolution und der darauffolgenden (Hetz)Jagd auf alles Revolutionäre wurde Toller schließlich nach wochenlangem Versteckspiel am 4. Juni 1919 in der Wohnung des Kunstmalers Reichel verhaftet und am 16. Juli 1919 zu fünf Jahren Festungshaft verurteilt (Münz/Morenz, 1968).

Sonderblatt.

№ 53. München, 15. Mai 1919.

Bayerisches Polizeiblatt.

Herausgegeben von der Polizeidirektion München.

3010.

10000 Mark Belohnung.

Wegen Hochverrats

nach § 81 Ziff. 2 des RStGB. ist Haftbefehl erlassen gegen den hier abgebildeten Studenten der Rechte und der Philosophie

Ernst Toller.

Er ist geboren am 1. Dezember 1893 in Samotschin in Posen, Reg.-Bez. Bromberg, Kreis Kolmar, Amtsger. Margonin, als Sohn der Kaufmannseheleute Max u. Ida Toller, geb. Kohn.

Toller ist von schmächtiger Statur und lungenkrank; er ist etwa 1,65—1,68 m groß, hat mageres, blasses Gesicht, trägt keinen Bart, hat große braune Augen, scharfen Blick, schließt beim Nachdenken die Augen, hat dunkle, beinahe schwarze wellige Haare, spricht schriftdeutsch.

Für seine Ergreifung und für Mitteilungen, die zu seiner Ergreifung führen, ist eine Belohnung von

zehntausend Mark

ausgesetzt.

Abb. 12 Ernst Toller, steckbrieflich gesucht im Mai 1919

Experiment 1: Das Interregnum – Doppelherrschaft von Regierung und Räten

Das Interregnum umfasst jene Zeitspanne von 45 Tagen, die zwischen dem Ende der Regierung Eisners und der Errichtung der 1. Räterepublik lag und in Bezug auf eine Periodisierung als zweite bayerische Revolution bezeichnet wird (Schmalzl in: Revolution! Bayern 1918/19, 2008). In den folgenden knapp sechseinhalb Wochen agierten tatsächlich mehrere Institutionen, Räte und die Regierung neben, aber auch gegeneinander. In der Summe aber verfügte keine der beiden Antipoden über echte und reale Durchsetzungsmöglichkeiten. Ihre Programme und Verlautbarungen blieben nur allzu häufig Absichtsbekundungen ohne Gewissheit der Verwirklichung.

Mit der Ermordung Kurt Eisners begann eine neue Phase, die zweite der bayerischen Revolution, sie war durch ein Machtvakuum gekennzeichnet, das die Räte für sich auszunutzen hofften.

Noch am selben Abend konstituierte sich ein Zentralrat der Bayerischen Räte, und zwar „ganz von selbst, ohne irgendwelche Gewaltanwendung" (Schmalzl in: Revolution! Bayern 1918/19, 2008, S. 19).

Als Chef dieser „Regierung" fungierte der Vorsitzende des Augsburger Arbeiter- und Soldatenrates, Ernst Niekisch, von der MSPD.

Über dessen Entstehung, Zusammensetzung und Funktionen berichtete Max Kröpelin später in einem Rechenschaftsbericht an den ersten gesamtbayerischen Rätekongress (STB o. D., S. 2-11).

Die Initiative zur Bildung des Zentralrates ging von den Obleuten der drei Vollzugsausschüsse der Arbeiter-, Soldaten- und Bauernräte aus. Sie bildeten einen Zentralrat, der aus 13 Mitgliedern bestand: Je drei Vertreter der VA der Arbeiter-, Soldaten- und Bauernräte, dann zwei Mitglieder des RAR und je ein Mitglied von SPD und Gewerkschaften. Gleichzeitig wurde ein Aktionsausschuss gebildet, der Kommissionen für Ernährungswesen, Wohnungswesen und Volksbewaffnung einrichtete. Dem Aktionsausschuss wiederum gehörten 29 Mitglieder an, die paritätisch aus je sieben Arbeiter-, Soldaten- und Bauernräten bestanden. Zusätzlich wurden je zwei Vertreter des RAR, der SPD und der USPD aufgenommen und jeweils noch ein Gewerkschaftsfunktionär und ein Vertreter der Konsumgenossenschaft. Die KPD war inoffiziell durch Max Levien beteiligt, der als Mitglied des RAR auftrat.

Wie gestaltete sich die Zusammenarbeit innerhalb und zwischen diesen Räteinstanzen? Der Aktionsausschuss brachte einen Antrag ein und leitete ihn an die jeweilige Kommission zur Bearbeitung weiter. Von dort wurde der Antrag an den Aktionsausschuss zurückgeleitet und dem Zentralrat zur endgültigen Beschlussfassung vorgelegt. Die ersten Maßnahmen des Zentralrates waren durchaus widersprüchlich. Zuerst wurde „unter starker Beteiligung des RAR" (Mühsam 1978, S. 35) ein spontan ausgerufener Generalstreik bestätigt, eine nächtliche Ausgangsperre über München verhängt und die bürgerliche Presse unter Vorzensur gestellt. In einem tönenden Aufruf des Zentralrates wurde „Alle Macht den arbeitenden Massen in der revolutionären Organisation der Räte!" versprochen. Gleichzeitig verhandelte jedoch das Gremium mit den Spitzen der Münchner SPD, USPD und den Gewerkschaften. Zentraler Aspekt der dabei nachfolgend erzielten Einigung waren die Einberufung des Landtages und eine verfassungsmäßige Verankerung der Räte als eine berufsmäßige Vertretung der Arbeiter, Soldaten und Bauern (Seligmann 1998, S. 82). Der Münchner Arbeiterrat lehnte diese Vereinbarung mehrheitlich ab. Jetzt zeigte sich ganz offen eine klare Frontstellung: Ein gewichtiger Teil der Räte im Zentralrat und auch außerhalb der Landeshauptstadt München favorisierte die parlamentarische Demokratie, nach Ansicht der radikalen Linken hingegen sollte die Räterepublik so rasch wie möglich kommen.

Als Ausweg aus dieser schwierigen Situation beschloss der Zentralrat die neuerliche Einberufung der vertagten Räteversammlung.

Vom 13. bis zum 20. Februar 1919 hatte nämlich bereits der erste landesweite bayerische Rätekongress und zwar im Deutschen Theater in München getagt. Es galt dabei das Weiterbestehen der Räte nach der in Kürze erfolgenden Konstituierung des neuen bayerischen Landtages abzusichern. Dazu wurden wichtige Beschlüsse gefasst: Verankerung der

Räte in der Verfassung, dort sollte ihnen eine einflussreiche bzw. dominierende Stellung im Rahmen des Staatsaufbaus eingeräumt werden. Räte pochten darüber hinaus auch auf umfangreiche Mitwirkungsmöglichkeiten in der Exekutive und Legislative (Köglmeier, http://www.historisches-lexikon-bayerns.de, letzter Zugriff am 21.1.2019).

In einem vielbeachteten Auftritt von Ministerpräsident Eisner, es sollte sein letzter in der Öffentlichkeit werden, brachte er den Begriff einer „Zweiten Revolution" ins Spiel, womit er freilich nicht Gewaltmittel, sondern die friedliche Verwirklichung einer sozialistischen Demokratie beabsichtigte.

Beim Rätekongress, der vom 25. Februar bis 8. März 1919 im Münchner Landtagsgebäude stattfand, handelte es sich daher um eine Fortsetzung des durch Eisners gewaltsamen Tod unterbrochenen ersten bayerischen Rätekongresses. Jetzt musste eine entscheidende Weichenstellung über die zukünftige Staatsform, „Räterepublik oder Demokratie" (STB o. D., S. 1), erfolgen. Auch das weitere Schicksal der gesamten Rätebewegung stand auf dem Spiel. Walter Löwenfeld skizzierte die Räteposition der Sozialdemokraten: Die Räte seien wichtigstes Element der sozialen Demokratie, jedoch gefährde eine Rätediktatur den Bestand des Staates und fördere ganz im Gegenteil die Gegenrevolution. Max Süßheim (SPD) bekräftigte diese Sichtweise. Er betonte, dass nur eine gewählte Volksvertretung berufen sei, die Regierung zu wählen und Ministerien zu bilden. Die Rechte der Räte hatten dort ihre Begrenzung zu finden, „… wo die Befugnisse der Volksvertretung anfingen" (STB o. D., S 106). Nach Ansicht der SPD sollten die Räte aber als Betriebsräte bestehen bleiben. Gänzlich anders hingegen war die Sichtweise der radikalen Rätebefürworter angelegt. Die Position der KPD vertrat Max Levien, der als Delegierter des RAR am Kongress teilnahm. In seiner Grundsatzrede postulierte er eine Staatsform, in der Räte exekutive, legislative und kontrollierende Gewalt haben sollten und „diese auch dauernd behalten" (STB o. D., S. 40) müssten. Zugleich warnte er aber davor, die russischen Verhältnisse ohne weiteres auf Bayern zu übertragen. Für Levien fungierten die Räte auch als ein „praktisches Erzeugnis unmittelbaren Kämpfens, unmittelbaren Handelns der werktätigen Massen" (STB o. D., S. 42).

Er vermied es, offen für die Ausrufung einer Räterepublik einzutreten. Dagegen forderten die Anarchisten unter Federführung von

Erich Mühsam und Gustav Landauer die sofortige Ausrufung der „sozialistischen Räterepublik" (STB o. D., S. 74). Dieser Antrag wurde aber vom Rätekongress mit deutlicher Mehrheit abgelehnt. Allerdings wurde ein von SPD, USPD und BBB ausgehandelter rätefreundlicher Kompromissantrag angenommen, der von Hans Unterleitner zur Abstimmung vorgelegt worden war. Seine wesentlichen Punkte, sahen eine vorläufige Vertagung des Landtages vor. Dem Rätekongress kam dabei entscheidende Bedeutung zu. Er sollte als „provisorischer Nationalrat" (STB o. D., S. 68) eine neue Regierung wählen, die sowohl ihm als auch dem Zentralrat verantwortlich war. Darüber hinaus lag dem Antrag eine modellhaft aufgebaute Doppelherrschaft zugrunde. Ein vom Rätekongress gewählter 33-köpfiger Aktionsausschuss, bestehend aus je sieben Mitgliedern der Vollzugsausschüsse der Arbeiter-, Soldaten- und Bauernräte und je drei Vertretern von MSPD, USPD, RAR und BBB wählt aus seiner Mitte einen neuen siebenköpfigen Zentralrat als oberste Instanz. Dieser ist wiederum dem Aktionsausschuss verantwortlich. Für beide sollte das Recall-Prinzip gelten, also die jederzeitige Abberufung seiner Mitglieder durch Rätekongress bzw. Aktionsausschuss. Die MSPD-Parteiführung weigerte sich jedoch, in eine Regierung einzutreten, die vom Rätekongress gewählt und vom Zentralrat abhängig war. Sie dachte vielmehr an die Einberufung des Landtages, um dann ein rein sozialistisches Kabinett zu bilden. Um eine unabsehbare Pattsituation zu verhindern, berief die MSPD schließlich eine Konferenz nach Nürnberg ein, zu der Vertreter der USPD und des BBB hinzugezogen wurden. In der letzten Sitzung des Rätekongresses am 8.3.1919 wurde der „Nürnberger Kompromiss zur Abstimmung vorgelegt und schließlich angenommen. Damit war die Konzeption einer Doppelherrschaft, wie sie Unterleitners Antrag vorsah, obsolet geworden. Jetzt lauteten die entscheidenden Passagen nämlich: „Sofortige Einberufung des Landtages zu einer kurzen Sitzung und Bildung eines sozialistischen Ministeriums […]. Die gesetzgebende und vollziehende Gewalt liegt allein in den Händen des Ministeriums" (STB o. D. S. 194 ff.). Zentralrat und Aktionsausschuss wurden jedwede gesetzgeberische Befugnisse abgesprochen. Den Rätegremien kam nur mehr das Recht zu, Beschwerden, Eingaben und Gesetzesentwürfe an den Landtag zu richten.

Der Rätebefürworter Erich Mühsam, charakterisierte daher den Rätekongress nicht ohne Grund abschätzig als „gänzlich hilfloses und unentschlossenes Gebilde“ (1978, S. 35).

Am 17. März 1919 trat gemäß den Beschlüssen des Rätekongresses der bayerische Landtag zu einer kurzen Sitzung zusammen und wählte den Sozialdemokraten Johannes Hoffmann zum neuen Ministerpräsidenten. Seine Regierungserklärung blieb in Bezug auf die Stellung der Räte und ihren Aufgaben nebulös. Zwar verkündete er, dass „die Räte zur fruchtbaren Mitarbeit im öffentlichen Leben heranzuziehen“ (Seligmann 1998, S. 106) seien, gleichzeitig ließ er sich vom Parlament außerordentliche Vollmachten bestätigen. Das ambitioniert wirkende Regierungsprogramm setzte sich mehrere Schwerpunkte: Bekämpfung der Lebensmittelknappheit und der Wohnungsnot, Linderung der Arbeitslosigkeit, Sozialisierung des Bergbaus und der Wasserkraft. Die Durchsetzung des Programms scheiterte aber aus zwei Gründen. Zweifellos bildete die wirtschaftliche Misere dabei einen Hauptfaktor. Mitte März erfolgte in Bayern ein neuerlicher Wintereinbruch, der eine massive Kältewelle verursachte. In München mussten die Brennstoffrationen deutlich gekürzt werden und die Preise für Heizgas schnellten in die Höhe. Die Straßenbahntarife wurden beträchtlich erhöht, ebenso die Preise für die rationierten Fleisch- und Milchprodukte. Vor allem ländliche Räte übten heftige Kritik an der Versorgungspolitik der Regierung, die sich außerstande sah, die geordnete Verteilung von Grundnahrungsmitteln durchzuführen. Der MSPD-Vorsitzende von Rosenheim Karl Göpfert beurteilte im Rückblick die Regierungsarbeit wenig schmeichelhaft: „Unter Hoffmann haben wir vier Wochen von der Regierung überhaupt nichts gehört“ (Seligmann 1998, S. 110).

Zumindest in einem Punkt wurde Handlungsbereitschaft signalisiert, wohl um die Wogen des Unmutes zu glätten. Der neue Ministerpräsident Hoffmann beauftragte den Nationalökonomen Otto Neurath mit der Ausarbeitung eines Sozialisierungsprogramms und erhielt formell den Titel Leiter des Zentral-Wirtschaftsamtes. Seine Vorschläge waren durchaus vom Bemühen um eine echte Lösung geprägt und doch realitätsfern. Neurath forcierte eine bedarfsorientierte Wirtschaft, die jedem Staatsbürger eine auskömmliche Unterkunft, Bekleidung, Verpflegung und sonstige Bedürfnisse sichern sollten. Andererseits wollte er die Luxus und Spekulationsindustrie gänzlich unterbinden und Großbetriebe sowie Großgrundbesitz in Volkseigentum überführen.

Abb. 13 Appell der MSPD für die parlamentarische Demokratie

Als Hauptmanko dieser Konzeption erwies sich jedoch die Tatsache, dass zum Erreichen all dieser Ziele eine grundlegende Umgestaltung der Verfassung notwendig gewesen wäre und dies setzte wiederum den echten Willen und die Fähigkeit zur Durchführung voraus. Der Regierung fehlte jedoch die von allen Seiten anerkannte Autorität, denn rasch kam es zu Spannungen zwischen Regierung und Räten. Diese wollten die Rechte der Räte erhalten und selbst weiterhin eine aktive Rolle einnehmen. In München setzten Kommunisten und RAR ungehemmt ihre Massenagitation fort, die von ständigen Versammlungen und Kundgebungen begleitet war. Auch außerhalb Münchens war eine zunehmende Radikalisierung der Rätebewegung feststellbar. Einerseits bildeten sich erst jetzt Rätegremien, andererseits forderten Räte energischer bisher verweigerte Rechte. In der Industriestadt Rosenheim ließ der führende Linksradikale Guido Kopp den Stadtkommandanten verhaften und übernahm kurzzeitig die Macht. In Lindau besetzten wiederum Mitglieder des örtlichen Arbeiter- und Soldatenrates die lokale Zeitungsredaktion und führten eine scharfe Zensur durch. Die Radikalisierung zeigte außerdem noch einen weiteren wichtigen Effekt. In manche Gegenden traten MSPD-Rätemitglieder in großer Zahl und bisweilen sogar geschlossen zur USPD über und konnten so das jeweilige Rätegremium zu ihren Gunsten majorisieren (Seligmann 1998).

Experiment 2: Die sechs Tage der ersten Räterepublik – Die „Scheinräterepublik"

Erich Mühsam notierte in seinen Aufzeichnungen: „Am 21. März [1919] schlug die Nachricht der Ausrufung der Räterepublik in Ungarn wie eine Bombe ein" (Gerwarth, 2017, S. 166). Dieses überraschende externe Ereignis befeuerte natürlich die Spekulation in München. Den Ausgangspunkt zur tatsächlichen Ausrufung der ersten Räterepublik bildete allerdings nicht München, sondern die Stadt Augsburg.

Der Arbeiter- und Soldatenrat hatte den Vorsitzenden des Zentralrates Ernst Niekisch zu einem Vortrag eingeladen. Im Laufe der Veranstaltung wurde plötzlich die Forderung nach Ausrufung der Räterepublik erhoben und ein Streik vorgeschlagen. Sowohl die USPD als auch die MSPD-Mitglieder des Arbeiter- und Soldatenrates waren damit einverstanden (Seligmann 1998). Eine Delegation wurde bestimmt, die mit Niekisch nach München zurückreisen sollte.

Zur gleichen Zeit beschloss in München der Ältestenrat des Landtages die vorzeitige Einberufung des Landtages. Als konkretes Datum wurde der 8. April genannt. Ein Mitglied des Zentralrates, Ernst Soldmann, war zufällig dabei anwesend und berichtete darüber später im Zentralratsplenum. Die liberal-konservativen „Münchner Neuesten Nachrichten" veröffentlichten am 4. April die Meldung von der vorzeitigen Landtagseinberufung (Seligmann 1998). Daraufhin versammelten sich die Münchner Kasernenräte und erklärten, dass der Landtagsschutz von ihnen nicht mehr gewährleistet würde. Eine Delegation des Zentralrates sprach beim Innenministerium vor und forderte die Rückgängigmachung der Landtagseinberufung. Ein Generalstreik wurde angedroht. Die Augsburger Delegation mit Niekisch wiederholte bei einem Treffen mit dem Ministerrat ihre Forderungen. Diese vermied eine deutliche Stellungnahme, verurteilte aber die vorzeitige Einberufung und versprach, die Frage der Räterepublik bei nächster Gelegenheit zu diskutieren. Am späten Nachmittag fand eine Sitzung im Außenministerium statt, bei der neben den Mitgliedern des Zentralrates auch namhafte Vertreter von USPD, MSPD sowie einige Führer des Bayerischen Bauernbunds anwesend waren. Wer diese Sitzung einberief, ist weitgehend unklar. Weder bei Seligmann (1998, S. 122-125) bei Beyer (1957 S. 68-69), in Mühsams Rechenschaftsbericht (1978, S. 50-53) oder bei Schaupp (2017) finden sich schlüssige Angaben darüber. Fest steht, dass eine Gruppe um Innenminister Segitz, Sozialminister Unterleitner und Kriegsminister Schneppenhorst sowie Vertreter des BBB, der USPD und der Gewerkschaften dort bereits auf die Eintreffenden warteten (Schaupp 2017). Der sozialdemokratische Stadtkommandant Dürr plädierte überraschenderweise für die Ausrufung der Räterepublik, da sie unter den „obwaltenden Verhältnissen, [...] die notwendige Maßnahme sei" (Mühsam 1978, S. 51). Der RAR forderte eine starke Vertretung im Zentralrat und die Aufnahme von KPD-Mitgliedern, um eine „entscheidende Radikalisierung" (Mühsam 1978, S. 51) herbeizuführen. Landauer und Mühsam drängten auf eine Verschiebung der Entscheidung, bis sich die Kommunisten offen deklarierten. Ernst Niekisch berief daher für den späten Abend eine Sitzung ins Militärministerium ein. Damit war jetzt klar, dass es sich um eine vom obersten Rätegremium einberufene Tagung handelte (Seligmann 1998). Die Münchner SPD wählte eine neunköpfige Kommission. Der Grundtenor lautete: „Der revolutionäre Zug sollte nicht verpasst werden" (Seligmann 1998, S. 127). Die SPD-Verhandlungsteilnehmer erwirkten aufgrund der Weigerung der Kommunisten eine Verschiebung der Proklamation um 48 Stunden.

Parallel dazu erlebte München zwischen dem 4. und 6. April eine Welle der Massenmobilisierung.

Auf einer Versammlung der „Freien Sozialistischen Jugend" wurde die Meldung von der bevorstehenden Ausrufung der Räterepublik mit großem Jubel bedacht (Seligmann 1998, S. 134). Im Hofbräuhaus berichtete das USPD-Vorstandsmitglied Gustav Klingelhöfer im Rahmen einer Großveranstaltung der Arbeiter- und Angestelltenausschüsse über die bevorstehende Ausrufung der Räterepublik. Dabei zeigte sich große Zustimmung. Einzig der anwesende Levine erklärte sich strikt dagegen, und verurteilte die ganze Sache als reine Schöpfung des Zentralrates. Soldatenvertreter beschlossen während einer Versammlung im Löwenbräu die Ausrufung der Räterepublik zu verlangen. Auf einer Großkundgebung im Wagnersaal erklärte das Zentralratsmitglied Ernst Soldmann den Rücktritt der bisherigen Regierung innerhalb von 48 Stunden und die baldige Ausrufung der Räterepublik. Gustav Landauer verkündete im Mathäserbräu vor einem aufgewühlten und revolutionär gestimmten Publikum die Ausrufung der Räterepublik.

Mögliche Entscheidungsfaktoren für oder gegen eine Räterepublik basierten zunächst auf den Beschlüssen des Augsburger Arbeiter- und Soldatenrates und der unentschlossenen Haltung des Ministerrates. Die Initiative des Zentralrates blieb vorerst ohne Erfolg, da sich die Kommunisten gegen eine Räterepublik aussprachen und damit eine von der SPD gewünschte Vertagung herbeiführten. In den öffentlichen Veranstaltungen der ersten Apriltage mussten alle Redner wiederum den Eindruck gewinnen, die Bevölkerung wolle mit allen Mitteln die Räterepublik.

Der Zentralrat setzte am 5. April zwei entscheidende Maßnahmen durch: Zum einen wurde ein Telegramm an alle amtlichen Dienststellen des ganzen Landes gesandt, indem bedeutsame politische Entscheidungen angekündigt wurden. In den Direktiven hieß es weiter: „Staats- und Gemeindebeamte tun weiter ihre Pflicht [...] Die Arbeiter- und Soldatenräte treten sofort in Fühlung mit der Beamtenschaft [...] Regierungsgewalt können nur Beamte ausüben, die sich vorbehaltlos auf den Boden der neuen Verhältnisse stellen" (Seligmann 1998, S. 142). Die Direktiven beinhalteten damit noch keine direkte Machtübernahme durch Rätegremien.

Zum anderen schickte man Emissäre des Zentralrates in die Städte und Landkreise, um die Arbeiterräte über die Räterepublik aufzuklären und dafür Stimmung zu machen. Die Werbearbeit der Münchner Abgesandten entwickelte sich zu einer Doppelrolle. Sie waren einerseits Agitatoren für eine Ausrufung und andererseits Kundschafter der Stimmungslage.

Wie reagierten nun die lokalen Räteorganisationen auf die Münchner Abgesandten?

Zumeist waren sie mit einer bestimmten Einstellung der jeweiligen Arbeiterräte konfrontiert. Eine Umstimmung in die eine oder andere Richtung war kaum möglich. Bestenfalls vermochten sie eine bestimmte

Richtung zu bestätigen oder zu unterstützen. Dies soll an ausgewählten Beispielen gezeigt werden.

In Regensburg konnten neben dem Arbeiter- und Soldatenrat (ASR) auch MSPD-Mitglieder dafür gewonnen werden. In Würzburg wurde vom dortigen Arbeiterrat eine Volksversammlung mit 2.000 Teilnehmer einberufen. Ein Zusammentreffen aller sozialistischen Parteien ließ erkennen, dass die Stimmung auf Einheit programmiert war. In Schweinfurt war die Reaktion der Räte auf das Telegramm des Zentralrates äußerst positiv. In Passau und Fürth sprachen sich Volksversammlungen zu Gunsten einer Räterepublik aus. In beiden Fällen wurde dies zu einer gemeinsamen Sache aller sozialistischen Parteien erklärt (Seligmann 1998, S. 152–153). In Aschaffenburg wiederum lud der ASR zu einer großen Versammlung ein. Hier war die Stimmungslage noch schwankend, denn es gab auch viele Gegenstimmen. In Bayreuth konnte sich der dortige Arbeiter- und Soldatenrat erst nach längeren Diskussionen zur Ausrufung entschließen. Die MSPD sprach sich dagegen aus (Seligmann 1998). Das Verhalten der MSPD insgesamt war also von Widersprüchlichkeiten geprägt. In der Münchner Parteiorganisation hielten sich Gegner und Befürworter die Waage. Noch deutlicher zeigt sich die gespaltene Haltung auf dem südbayerischen Gautag der MSPD, der zwischen dem 5. und 6. April in München stattfand. Einerseits wurde die Räterepublik abgelehnt. Andererseits einigte man sich auf eine Kompromissformel, wonach eine Beteiligung dann erfolgen sollte, wenn alle sozialistischen Parteien darin vertreten seien (Seligmann 1998). Die Landeskonferenz der MSPD in Nürnberg trat als einzige Versammlung entschieden gegen die Räterepublik auf.

Die Stimmungslage innerhalb der USPD war ebenso wenig einheitlich. Die Münchner Ortsgruppe wollte gegebenenfalls zur KPD übertreten, um deren Teilnahme zu erwirken (Seligmann 1998, S. 190). Der rechte Flügel hingegen lehnte dies ab, befürwortete jedoch die Räterepublik. Der Landesbauernrat konnte durch die Werbearbeit von Karl Gandorfer zur Zustimmung bewegt werden. Bei der entscheidenden Sitzung am 6. April bekräftigten die anwesenden Kommunisten unverändert ihre Ablehnung. Die SPD zog ihre Teilnahme endgültig zurück und berief sich auf die Beschlüsse ihrer Parteikonferenzen.

Damit blieben nur mehr USPD und RAR als Träger der Räterepublik übrig (Seligmann 1998).

Die Inthronisierung der 1. Räterepublik verlief freilich nicht ohne symbolträchtige Begleitumstände. Am 7. April läuteten um die Mittagszeit alle Glocken der Stadt München, das Wittelsbacherpalais schmückte sich mit einer roten Fahne und ein Aufruf verkündete:

> „An das Volk in Baiern! Die Entscheidung ist gefallen. Baiern ist Räterepublik. Das werktätige Volk ist Herr seines Geschickes. Die revolutionäre Arbeiterschaft und Bauernschaft Baierns, darunter auch all unsere Brüder, die Soldaten sind, durch keine Parteigegensätze mehr getrennt, sind einig, dass von nun an jegliche Ausbeutung und Unterdrückung ein Ende haben muss. Die Diktatur des Proletariats, die nun zur Tatsache geworden ist, bezweckt die Verwirklichung eines wahrhaft sozialistischen Gemeinwesens, in dem jeder arbeitende Mensch sich am öffentlichen Leben beteiligen soll, einer gerechten sozialistisch-kommunistischen Wirtschaft. Der Landtag, das unfruchtbare Gebilde des überwundenen bürgerlich-kapitalistischen Zeitalters, ist aufgelöst, das von ihm eingesetzte Ministerium zurückgetreten. Von den Räten des arbeitenden Volkes bestellte, dem Volk verantwortliche Vertrauensmänner erhalten als Volksbeauftragte für bestimmte Arbeitsgebiete außerordentliche Vollmachten. Ihre Gehilfen werden bewährte Männer aus allen Richtungen des revolutionären Sozialismus und Kommunismus sein; die zahlreichen tüchtigen Kräfte des Beamtentums, zumal die unteren und mittleren Beamten, werden zur tatkräftigen Mitarbeit im neuen Bayern aufgefordert. Das System der Bureaukratie aber wird unverzüglich ausgetilgt. Die Presse wird sozialisiert. Zum Schutze der baierischen Räterepublik gegen reaktionäre Versuche von außen und von innen wird sofort eine rote Armee gebildet. Ein Revolutionsgericht wird jeden Anschlag gegen die Räterepublik rücksichtslos ahnden. Eine bayerische Räterepublik folgt dem Beispiel der russischen und ungarischen Völker. Sie nimmt sofort die brüderliche Verbindung mit diesen Völkern auf. Dagegen lehnt sie jedes Zusammenarbeiten mit der verächtlichen Regierung Ebert, Scheidemann, Noske, Erzberger ab, weil diese unter der Flagge einer sozialistischen Republik das imperialistisch-kapitalistisch-militaristische Geschäft des in Schmach zusammengebrochenen deutschen Kaiserreichs fortsetzt. Sie ruft alle deutschen Brudervölker auf, den gleichen Weg zu gehen. Allen Proletariern, wo immer sie für Freiheit und Gerechtigkeit, wo immer sie für den revolutionären Sozialismus kämpfen, in Württemberg und im Ruhrgebiet, in der ganzen Welt, entbietet die baierische Räterepublik ihre Grüße. Zum Zeichen der freudigen Hoffnung auf eine glückliche Zukunft für die ganze Menschheit wird hiermit der 7. April zum Nationalfeiertag erklärt. Zum Zeichen des beginnenden Abschieds vom fluchwürdigen Zeitalter des Kapitalismus ruht am Montag, den 7. April 1919 in ganz Baiern die Arbeit, soweit sie

> nicht für das Leben des werktätigen Volkes notwendig ist, worüber gleichzeitig nähere Bestimmungen ergehen. Es lebe das freie Baiern! Es lebe die Räterepublik! Es lebe die Weltrevolution!"
>
> Der revolutionäre Zentralrat Baierns:
> Niekisch, Gustav Landauer, Erich Mühsam, Gandorfer (Bauernrat), Dr. Franz Lipp, Albert Schmid
> Für den revolutionären Soldatenrat:
> Kohlschmid, Johann Wimmer, Max Mehrer"
> (Schaupp, 2017, S. 171 ff.).

Allein jetzt war auch eine grundlegende Aufklärung der Bevölkerung über das Wesen der Rätedemokratie vonnöten. Auf fast allen Litfaßsäulen klebten am 9. April 1919 Plakate mit dementsprechenden Erläuterungen und das klang dann so:

> „Was ist der Unterschied zwischen den Räten und dem Landtag? Die Volksvertreter, welche ehemals von euch in den Landtag gewählt wurden, waren von Parteien und Parteivereinen aufgestellt. Die Partei, welche das meiste Geld hatte, konnte die meiste Reklame machen und gewann den Kampf. So kam es, dass, obwohl das Volk anders dachte oder wenigstens fühlte, wichtige Entscheidungen zugunsten der Riesenvermögen und Riesengewinne getroffen wurden. Das werktätige Volk will selbst durch seine Räte Ordnung schaffen. Alle Kreise des schaffenden Volkes, Bauern, Arbeiter, Handwerker, Kleinbeamte wählen aus ihren Kreisen heraus die tüchtigsten Männer als ihre Vertreter in das Landtagsgebäude. Es kann nicht mehr vorkommen, dass Männer, für jahrelang hinausgewählt, für das Volk Unheil stiften; denn die Wähler können jederzeit einen solchen Vertreter abberufen. Nur durch die Räte können die Tüchtigen mitarbeiten an der Neugestaltung des Staates zu unser aller Wohl. In Fragen der Landwirtschaft werden nur die Bauern mit dem Landwirtschaftsministerium, in Fragen der Handwerker nur diese selbst mit dem Ministerium für Handel und Industrie entscheiden. Niemand denkt daran, den Besitz der Bauern anzutasten und die Existenz der Handwerker zu gefährden."
> (Ay, 1968, Anlage 64).

Unterzeichnet war diese Erklärung von Ernst Toller als Vorsitzenden des Zentralrates.

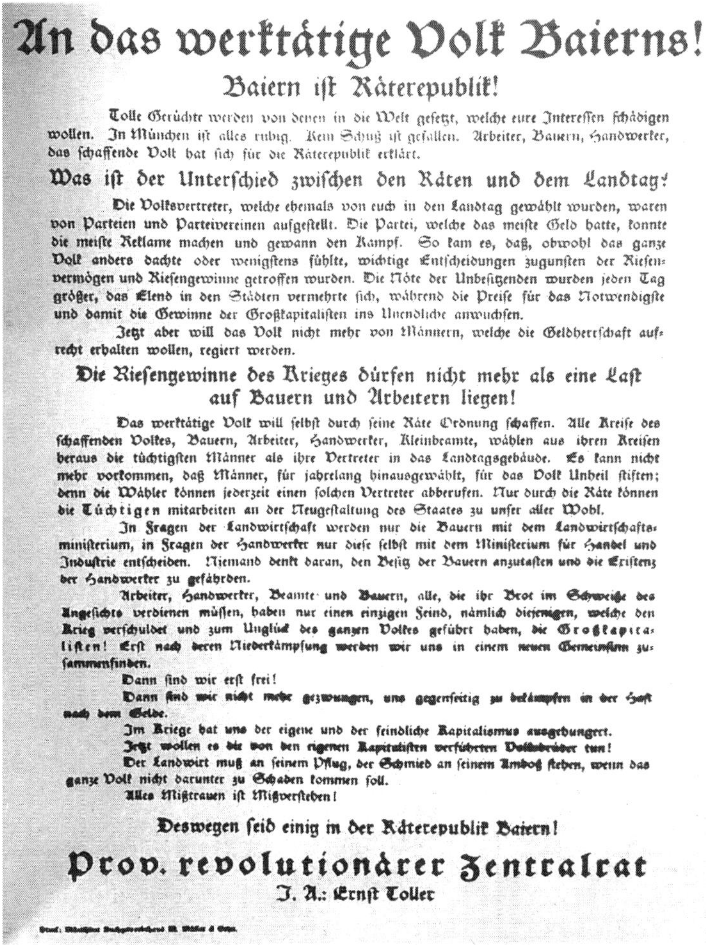

An das werktätige Volk Baierns!

Baiern ist Räterepublik!

Tolle Gerüchte werden von denen in die Welt gesetzt, welche eure Interessen schädigen wollen. In München ist alles ruhig. Kein Schuß ist gefallen. Arbeiter, Bauern, Handwerker, das schaffende Volk hat sich für die Räterepublik erklärt.

Was ist der Unterschied zwischen den Räten und dem Landtag?

Die Volksvertreter, welche ehemals von euch in den Landtag gewählt wurden, waren von Parteien und Parteivereinen aufgestellt. Die Partei, welche das meiste Geld hatte, konnte die meiste Reklame machen und gewann den Kampf. So kam es, daß, obwohl das ganze Volk anders dachte oder wenigstens fühlte, wichtige Entscheidungen zugunsten der Riesenvermögen und Riesengewinne getroffen wurden. Die Nöte der Unbesitzenden wurden jeden Tag größer, das Elend in den Städten vermehrte sich, während die Preise für das Notwendigste und damit die Gewinne der Großkapitalisten ins Unendliche anwuchsen.

Jetzt aber will das Volk nicht mehr von Männern, welche die Geldherrschaft aufrecht erhalten wollen, regiert werden.

Die Riesengewinne des Krieges dürfen nicht mehr als eine Last auf Bauern und Arbeitern liegen!

Das werktätige Volk will selbst durch seine Räte Ordnung schaffen. Alle Kreise des schaffenden Volkes, Bauern, Arbeiter, Handwerker, Kleinbeamte, wählen aus ihren Kreisen heraus die tüchtigsten Männer als ihre Vertreter in das Landtagsgebäude. Es kann nicht mehr vorkommen, daß Männer, für jahrelang hinausgewählt, für das Volk Unheil stiften; denn die Wähler können jederzeit einen solchen Vertreter abberufen. Nur durch die Räte können die Tüchtigen mitarbeiten an der Neugestaltung des Staates zu unser aller Wohl.

In Fragen der Landwirtschaft werden nur die Bauern mit dem Landwirtschaftsministerium, in Fragen der Handwerker nur diese selbst mit dem Ministerium für Handel und Industrie entscheiden. Niemand denkt daran, den Besitz der Bauern anzutasten und die Existenz der Handwerker zu gefährden.

Arbeiter, Handwerker, Beamte und Bauern, alle, die ihr Brot im Schweiße des Angesichts verdienen müssen, haben nur einen einzigen Feind, nämlich diejenigen, welche den Krieg verschuldet und zum Unglück des ganzen Volkes geführt haben, die Großkapitalisten! Erst nach deren Niederkämpfung werden wir uns in einem neuen Gemeinsinn zusammenfinden.

Dann sind wir erst frei!

Dann sind wir nicht mehr gezwungen, uns gegenseitig zu bekämpfen in der Hast nach dem Gelde.

Im Kriege hat uns der eigene und der feindliche Kapitalismus ausgehungert.

Jetzt wollen es die von den eigenen Kapitalisten verführten Volksbrüder tun!

Der Landwirt muß an seinem Pflug, der Schmied an seinem Amboß stehen, wenn das ganze Volk nicht darunter zu Schaden kommen soll.

Alles Mißtrauen ist Mißverstehen!

Deswegen seid einig in der Räterepublik Baiern!

Prov. revolutionärer Zentralrat

I. A.: Ernst Toller

Abb. 14 Die Aufgaben der Rätedemokratie

Die Kommunisten freilich konterkarierten diese „Aufklärungskampagne“ der Räteregierung. In einem in der „Roten Fahne“ erschienenen Artikel von Eugen Levine hieß es nämlich, unter Bezugnahme auf die aktuelle Räterepublik, ganz anders: „Eine ‚Räterepublik‘, die mit einer proletarischen Räterepublik nichts gemein hat. An der Proklamierung einer solchen Scheinräterepublik können sich Kommunisten unmöglich beteiligen. Ist die Arbeiterschaft noch nicht so weit, um einzusehen, dass nur Kommunisten eine proletarische Räterepublik gründen können, ist ein Teil des Proletariats gewillt, unter der verwirrenden Parole „Einigkeit", die Noske-Freunde in ihrem Sinne arbeiten zu lassen – nun, so sollen doch auch jene die Verantwortung für ihr Werk tragen. Wir aber werden fieberhaft arbeiten an der Vorbereitung der wirklichen proletarischen Räterepublik, werden das Proletariat aufklären, werden es organisieren in Betriebsräte und kommunistische Gruppen, werden den Klassenkampf aufs Land tragen, werden unter Soldaten agitieren und uns rüsten für den Augenblick, wo es uns vergönnt sein wird, für die wirkliche Räterepublik zu kämpfen und zu siegen" (Schaupp, 2017, S. 180)

Der Vorwurf der „Scheinräterepubik" wurde von nun an zur ständigen Begleitmusik kommunistischer Versammlungsreden und Proklamationen.

Der Zentralrat ernannte einen ihm verantwortlichen und elf Personen umfassenden Rat der Volksbeauftragten, der sich die Fachressorts untereinander aufteilte. Die Handlungsweise und das Erscheinungsbild der Volksbeauftragten bot allerdings in vielen Fällen ein Bild der Ernüchterung. Zum Volksbeauftragten für das Äußere wurde der bis dato unbekannte Schriftsteller Dr. Franz Lipp ernannt. Die meiste Zeit verbrachte Lipp jedoch damit, Telegramme mit schwülstigen und pathetischen Inhalten abzufassen. So versicherte er dem Papst seine „religiöse Ergebenheit" (Seligmann 1998, S. 401). Ein andermal ergriff er offen die Interessen der Rätegegner. Unmittelbar nach Ausrufung der Räterepublik hatte der Vollzugsausschuss der Arbeiter- und Soldatenräte den österreichischen Konsul in München abgesetzt. Lipp ließ daraufhin den Vorsitzenden verhaften und bestätigte den Konsul wieder in seinem Amt. Obwohl er zum Vorsitzenden des Rates der Volksbeauftragten gewählt wurde, nahm Lipp kaum an keiner Sitzung des Zentralrates teil. Dieses Gremium besaß aber der Konzeption nach die höchste Entscheidungsbefugnis. Das Fass zum Überlaufen brachte schließlich ein Telegramm an den russischen Volkskommissar des Äußeren, indem Lipp die völlig unsinnige Behauptung aufstellte: "Proletariat Oberbayerns glücklich vereint. Sozialisten plus Unabhängige plus Kommunisten fest als Hammer zusammengeschlossen …" (Toller 1980, S. 92). Toller vermutete daraufhin, Lipp sei wahnsinnig geworden und zwang ihn umgehend zum Rücktritt. Er wurde anschließend in eine Nervenheilanstalt eingeliefert.

Der Volksbeauftragte für Finanzen, Silvio Gesell, erarbeitete eine Freiland- und Freigeld-Theorie, die als anarchisches und zugleich „utopisches Programm der Zukunft" (Seligmann 1998, S. 382-384) konzipiert war. Freigeld sollte sich seiner Theorie zufolge in seinem Nominalwert ständig nach einem Plan verringern, um damit die Geldspekulation zu verhindern. Freiland war als jener Grund und Boden gedacht, der allen Werktätigen mittels öffentlicher Versteigerung zur Verfügung gestellt werden sollte. Waren schon diese theoretischen Überlegungen in der Praxis unrealisierbar, so musste vor allem der Arbeitsstil Gesells und seines Beraterstabes nachdenklich stimmen. „Fernab von den politischen Geschehnissen" (Seligmann 1998, S. 383), wurden im vertrauten Kreis gesellschaftspolitische Luftschlösser diskutiert, wo doch rascher Handlungsbedarf dringend von Nöten gewesen wäre.

Die Schaffung einer Roten Armee ging, wenn überhaupt, nur schleppend und zögerlich vor sich. Die Richtlinien des Landessoldatenrates riefen alle „Arbeiter-Soldaten" (Ay 1968, Anlage 73), die zwischen dem 23. und 45. Lebensjahr standen, zum Beitritt auf. Anstelle konkreter Maßnahmen diskutierte man in den Kasernen heftig über das Ja oder Nein. Die Münchner Truppen wollten nicht ohne Weiteres geschlossen in die Rote Armee eintreten (Roos 1998).

Als zweites Instrument der Herrschaftssicherung wurde ab dem 8. April 1919 eine Revolutionsjustiz ins Leben gerufen, um alle reaktionären Gegner unerbittlich zur Rechenschaft zu ziehen. In der Praxis aber galt dieses Tribunal in München als harmlos. „Kein Konterrevolutionär brauchte vor ihm Angst zu haben" (Seligmann 1998, S. 348) resümierte später der Sozialdemokrat Dr. Löwenfeld. Man sah darin ein taugliches Instrument, vermeintliche oder wirkliche Gegner der Revolution dingfest zu machen bzw. auszuschalten. Kritiker wie Victor Klemperer sahen darin freilich mehr ein Farce als ein seriöses Instrument zur Sicherung der revolutionären Errungenschaften. Er nahm das „Revolutionstribunal in Permanenz", welches im Münchner Justizpalast residierte am 19. April 1919 persönlich in Augenschein. Im Empfangszimmer des Revolutionstribunals befanden sich Arbeiter mit umgehängten Flinten und roten Binden und Soldaten mit Handgranaten, die in großer Anzahl herumstanden. Im Zuhörerraum, in dem uniformierte und zivile Revolutionäre rauchend und bewaffnet saßen, befanden sich aber auch Frauen, die sich angeregt unterhielten. Der Gerichtshof bestand an diesem Tag aus einer Frau und vier Männern als Richter und zwei Männern als Sprecher. Sie alle hatten nach Ansicht von Klemperer nichts Proletarisches und gar nichts Blutdürstiges an sich. Klemperer schien es, als seien sie bieder und bürgerlich, ja stilwidrig gutmütig. Der Gerichtshof war allmächtig Strafen zu verhängen und kein Gesetz band ihn. Den Richtern gab freilich keine berufliche Vorbildung irgendeinen „juristischen Halt". Zumeist wurden ihre Urteile aber vom Publikum, „dem souveränen Volk" lautstark mitbestimmt. Für den amüsierten Beobachter Klemperer war das Walten dieses Gerichts daher durchaus ein Akt unfreiwilliger Komik (Klemperer, 2015).

In keinem anderen Bereich war die Räteregierung initiativer als auf dem Gebiet der Pressepolitik und Pressezensur. Sie wurde nicht nur in München verhängt, sondern auch in anderen Städten, die sich der Räterepublik angeschlossen hatten. Der Dichter Ret Marut (alias B. Traven, Anm. des Verfassers) formulierte die Zielperspektive: „Die Presse ist eine der wirksamsten Waffen des revolutionären Proletariats [...] Der dauernde Besitz dieser Waffe ist unumgänglich notwendig, um dem Proletariat den Befreiungskampf zu erleichtern ..." (Seligmann 1998, S. 353). Es war daher nur logisch, dass die vormaligen bürgerlichen Zeitungen ihr Erscheinungsbild deutlich ändern mussten. Nun beherrschten Meldungen über die Entwicklung der Räterepublik und Verlautbarungen des Zentralrates die Titelseiten.

Das wohl schwierigste Terrain bildete die Wirtschaft- und Sozialpolitik. Vor dem Hintergrund einer katastrophalen Lebensmittelversorgung und einer rapiden Wohnungsnot waren dringliche Maßnahmen erforderlich. Als Sofortmaßnahme wurde die Bekämpfung des Schleichhandels und der Wucherei in Angriff genommen. Arbeiterräte kontrollierten nunmehr Gast- und Warenhäuser. Bei festgestellten Vergehen wurden gehortete Waren zu festgesetzten Preisen an die Bevölkerung verteilt.

Zur Linderung der Wohnungsnot wurde die Beschlagnahme von leerstehenden Wohnräumen verfügt. Allerdings konnte in der kurzen Zeit keine spürbare Lösung des Problems erreicht werden, denn oftmals verweigerte die Bürokratie die Zusammenarbeit mit den Räten.

Lebensnotwendig waren auch die Fragen der Kohleversorgung und des Verkehrswesens. Verhandlungen mit der Reichsregierung blieben jedoch ohne Ergebnis, zumal man seit Eisners außenpolitischer Sonderaktion tiefes Misstrauen hegte. Die Situation verschärfte sich, als am 10. April Preußen alle Kohlelieferungen einstellte. Die einzig wirklich neue Behördeninstitution, die ins Leben gerufen wurde, war der sogenannte „Revolutionäre Bankrat für Bayern" (Seligmann 1998, S. 371). Seine Hauptaufgabe bestand in der Kontrolle der Banken und ihrer Finanztransaktionen. Dazu wurden kurzfristig gewählte Bankräte geschaffen. Außerdem wurde ein täglicher und wöchentlicher Barabhebungsbetrag fixiert und ein Verbot der Geldüberweisungen ins Ausland verfügt. Die Maßnahmen wurden jedoch dadurch konterkariert, dass die Deutsche Reichsbank den Geldfluss aus Norddeutschland stoppen ließ. Es häuften sich daher die Warteschlangen von besorgten Bankkunden, die um ihre Konten fürchteten.

In der Sozialisierungsfrage kam vor allem von der Bauernschaft beträchtlicher Gegenwind. Der Landesbauernrat hatte Zustimmung zur Ausrufung der Räterepublik nur unter der Bedingung gegeben, dass im Rahmen der Sozialisierung der Grundbesitz unter 1.000 Tagwerk nicht vergesellschaftet werden dürfe. Die Furcht vor einer weitergehenden Sozialisierung bewog eine Gruppe des Bayerischen Bauernbundes mit der nunmehr in Bamberg residierenden Regierung Hoffmann zu verhandeln. So trat die kuriose Situation ein, dass der Bauernbündler Martin Steiner gleichzeitig als Volksbeauftragter für Landwirtschaft und als Minister der Regierung Hoffmann amtierte.

Bei der revolutionären Umgestaltung der Bildungspolitik sah sich Landauer dabei sofort einem starken Widerstand der bürgerlichen Studenten ausgesetzt. Ein revolutionärer Hochschulausschuss wurde daher ohne Beteiligung bürgerlicher Studenten gebildet und vertrat letztendlich nur eine Minderheit. Der Kontrolle durch Landauers Ressort entzogen sich die Rektoren aufgrund ihrer besseren lokalen und administrativen Kenntnisse. Mit der Drohung, den Geldfluss für bestimmte Hochschulen zu drosseln, sollten „störrische Elemente" (Seligmann 1998, S. 392) zum Einlenken gezwungen werden. Aber auch diese Maßnahme blieb in seinen Ansätzen stecken, da die Räteregierung gar nicht über die erforderlichen Budgetmittel verfügte.

Der versuchte Ausbau des Rätegedankens führte bereits unmittelbar vor Ausrufung der Räterepublik zur Konzeption von zwei Rätemodellen, die sich vorrangig auf den Bereich der wirtschaftlichen Räte konzentrierten. Ein Modell wurde dabei von Gustav Klingelhöfer, der als Nationalökonom zum Wirtschaftsfachmann der USPD avancierte, präsentiert. Schwerpunkt seiner Konzeption war der einzelne Betrieb und seine Selbststeuerung. Dies ähnelte in seiner grundsätzlichen Zielrichtung dem Modell des MSPD-Politikers Max Sinzheimer und ging in einzelnen Punkten doch darüber hinaus. Den Ausgangspunkt bildete der Betrieb. Für die Wahl der Betriebsräte wurde Folgendes festgelegt: Die Betriebsräte werden durch alle Werksangehörigen eines Betriebes gewählt, wobei Angestellte und Arbeiter als getrennte Wahlkörper auftreten. Die Wahl vollzieht sich abteilungsweise und ohne Rücksicht auf die Berufszugehörigkeit (Seligmann 1998).

Welche Aufgaben, Rechte und Funktionen wurden den betrieblichen Räten in Klingelhöfers Konzeption zugewiesen?

Als vorrangige Aufgaben wurden folgende Punkte genannt: Förderung der Produktion im Sinne der Allgemeinheit, sodann Selbstverwaltung aller Arbeiter- und Angestellteninteressen. Die Betriebsräte besaßen das Recht, alle gesetzlichen Vorschriften zu überwachen und durchzuführen sowie alle vertraglichen Vereinbarungen von Arbeits- und Lohnverhältnissen. Ebenso konnten sie die selbständige Wahrnehmung der Betriebsdisziplin und das Recht auf die Entlassung von Werksvorgesetzten fordern. Die Einstellung von Arbeitern und Angestellten hatte im Einvernehmen mit der Betriebsleitung zu erfolgen. Den Betriebsräten oblag auch die weitgehende Verwaltungskontrolle aller sozialen Einrichtungen des Betriebes.

Bei den Funktionen der Räte ragte besonders die Prüfungsmöglichkeit in allen Lohn- und Arbeitszeitfragen hervor. Eine weitere Funktion beinhaltete die Mitwirkung in der Werksleitung und die Einsichtnahme in die betriebliche Geschäftsgebarung. Auch das Recht, Delegierte in den Aufsichtsrat zu entsenden wurde den Betriebsräten nicht vorenthalten (Seligmann 1998).

Es gab jedoch noch ein zweites Modell, das vom Ökonomen Otto Neurath entwickelt worden war. Es basierte auf betriebsübergeordneten Fachräten. Den Ausgangspunkt bildeten auch hier Betriebe und Betriebsräte. Diese sollten einen Fachrat wählen, der betriebsübergreifend lokale Industrie- und Wirtschaftszweige erfasste. Aus diesen Fachräten sollte ein Kontrollrat hervorgehen, der zusammen mit dem bayerischen Zentral-Wirtschaftsamt die geplante Sozialisierung durchführen sollte (Seligmann 1998). Der Ausbau der Räterepublik fiel in den verschiedenen Regionen Bayerns sehr unterschiedlich aus. Hier zeigte sich ein deutliches Nord-Süd-Gefälle. Während in den nördlichen Landesteilen nur vereinzelt Zentren zu finden waren, bekannten sich im Süden wesentlich mehr Städte und ländliche Regionen zu München. Diese Gefälle galt auch für die Beteiligung von MSPD-Rätefunktionären. In den südlichen Landesteilen stellten sich MSPD-Funktionäre oftmals in den Dienst der Räterepublik und arbeiteten sogar aktiv mit.

Zu beachten ist jedoch in diesem Zusammenhang, dass die Zustimmung oder Ablehnung zur Räterepublik fast täglich schwankte. So konnte man nie genau sagen, inwieweit sich das Territorium der Räterepublikaner ausgedehnt oder verringert hatte.

Die nachfolgenden Beispiele veranschaulichen die Umstände, unter denen die Proklamation vor sich ging, aber auch die Schwierigkeiten und Grenzen der Räteherrschaft.

In Rosenheim wurden am 7. April sofortige Schritte zur Ausrufung der Räterepublik gesetzt. Es bildete sich ein Volks- und Soldatenrat aus acht MSPD-, sechs USPD- und sechs KPD-Vertretern, fünf Soldatenräten und einem Abgesandten der Gemeindebeamten. Dieser wählte einen Vollzugsausschuss und es entstanden zugleich Kommissionen für Wohnungs-, Presse- und Preiskontrolle. Ein Volkstribunal nach Münchner Vorbild wurde gegründet. Die Kommissionen sollten die Verwaltung übernehmen und die Verbindung zu den Betriebsräten herstellen (Seligmann 1998). Anschließend fand am Nachmittag eine große Massenveranstaltung statt, auf der die Räterepublik proklamiert wurde. Im Laufe der nächsten zwei Tage wurden die gebildeten Kommissionen aktiv. Verfügbarer Wohnraum wurde beschlagnahmt, Geschäfte nach gehorteten Waren durchsucht und die Verhaftung von Bürgern wegen angeblichen Schwarzhandels vorgenommen. Um das Ganze noch zu verstärken, verwandelte man das vorläufige Verbot der bürgerlichen Zeitungen in eine scharfe Pressezensur (Seligmann 1988, S. 231). Das Zentrum der revolutionären Bewegung in Schwaben war Kempten im Allgäu. Hier griff der Vollzugsauschuss des Arbeiterrats, mangels geeigneter Kräfte, nicht direkt in die Verwaltung ein. Es wurde lediglich eine eindringliche Bitte an die Beamten ausgesprochen, „ihre Pflicht gegenüber der Räterepublik zu erfüllen" (Seligmann 1998, S. 265). Nach der Besetzung des Rathauses erfolgte die Kontrolle von Post und Bahn. Die Übernahme der örtlichen Banken wurde zur unüberwindlichen Hürde, nachdem die Filiale der Reichsbank ihre Schalter geschlossen hatte.

Ironischerweise zeigte die Regierung Hoffmann erst in der Gegnerschaft zur Räterepublik Handlungsprofil. Unfreiwillig verbündete sie sich dabei mit Monarchisten und rechten nationalen Gruppierungen. Von Bamberg aus wurde der militärische Gegenschlag organisiert. Am 11. April telegrafierte die württembergische Staatsregierung nach Berlin und Bamberg: „Weitere Geduld Räten und auch Rätekongress gegenüber Wahnsinn […] Größtes Unglück für Deutschland, wenn nicht alle Rädelsführer in München und anderwärts unschädlich gemacht werden" (Seligmann 1998, S. 463). Doch noch weigerte sich Hoffmann, Freikorps, die nicht aus bayerischen Soldaten bestanden, gegen die Räteregierung einzusetzen – und hoffte auf die Schlagkraft der Republikanischen Schutztruppe in München. Diese Formation hatte sich Ende November als freiwillige Sicherheitswache gebildet und wurde als solche von Rosshaupter offiziell anerkannt (Roos 1998). Angesichts der drohenden Lage erklärten sich vielerorts Räteorgane bereit, von der Vollzugsgewalt zurückzutreten. In anderen Fällen stimmten Rätegremien gegen die Aufrechterhaltung der Räterepublik. Es kam auch vor, dass Arbeiterräte ihren Rücktritt anboten und endgültig abdankten (Seligmann 1998).

Derweil erreichten die Attacken der Kommunisten auf die Räterepublik einen neuen Höhepunkt. Den Auftakt dazu bildete der Morgen des 9. April 1919, wo sich mehrere Tausend Kommunisten auf der Münchner Theresienwiese zu einer Protestversammlung eingefunden hatten. Man wetterte dort erneut ganz im Sinne von Levien gegen die „Scheinräterepublik". Tatsächlich besaß die Räteregierung eine entscheidende Schwachstelle, die von Kommunisten immer wieder propagandistisch ausgeschlachtet wurde, nämlich das Legalitätsdefizit. Die am 4. April im Außenministerium anwesenden und späteren Mitglieder des Zentralrates waren lediglich bestimmt und nicht von einer repräsentativen Versammlung gewählt worden. Am Abend des 9. April 1919 erreichte dieser Konflikt dann eine neue Eskalationsstufe. Im

Münchner Kindlkeller fand eine Versammlung der KPD statt, bei der eine neue kommunistische Regierung gebildet werden sollte. Ernst Toller und Gustav Klingelhöfer begaben sich daraufhin zum Versammlungsort. Als sie in den Saal eintraten, behauptete Levine, dass die derzeitige Räterepublik eine „Scheinräterepublik" sei, gelenkt durch eine „Handvoll verworrener Führer" (Schaupp, 2017, S. 182). Die aktuelle Räteregierung müsse gestürzt werden, fuhr er weiter fort, und anstelle des Zentralrates sollte ein kommunistischer Rat installiert werden. Als sich der später erscheinende Erich Mühsam auf das Podium begab, wurde er mit wüsten Beschimpfungen wie „Verräter! Schuft! Volksbetrüger!" (Schaupp, 2017, S. 182) empfangen und sogar mit Tätlichkeiten bedroht. Toller versuchte zu kalmieren und erklärte sich bereit, die Kommunisten an der Räteregierung zu beteiligen, lehnte aber im selben Atemzug ihren Alleinherrschaftsanspruch ab. Er deklarierte sich zugleich als glühender Anhänger der neu geschaffenen Volksherrschaft.

Am Palmsonntag, den 13. April 1919, wurden alle Anhänger dieser Räterepublik jedoch unsanft aus ihren „politischen Träumen" gerissen.

Experiment 3: Die 2. Räterepublik – die kommunistische Machtergreifung

Am besagten Sonntag putschte die Republikanische Schutztruppe. Plakate verkündeten gleichzeitig den Sturz der Räteregierung und bestätigten die Rechte der Regierung Hoffmann. Erst jetzt wurden alle, zuvor nur in Aussicht gestellten, aber niemals konsequent durchgeführten, Vorhaben zur Bildung einer Roten Armee in aller Eile begonnen. Die gegenrevolutionäre Aktion konnte zwar vereitelt werden, aber nun übernahmen die Kommunisten die Macht. Das Wort Experiment, wie in der Kapitelüberschrift verwendet, wurde im Übrigen von Max Levien in einer Rede auf dem Rätekongress, allerdings mit dem Zusatz „kommunistisches Experiment" verwendet, um damit die noch ausstehende Bewährung in der Praxis anzudeuten (STB o. D., S. 36-43).

Die KPD rief nun zum „offenen, wenn auch aufgezwungenen Kampf der Arbeiterschaft" (Hellerer in: Revolution! Bayern 1918/19, 2008, S. 32) auf. Von einer Versammlung auf der Theresienwiese stürmte eine große Zahl von Arbeitern in Richtung Bahnhofsgebäude, wo es mit der Bahnhofswache unter dem Kommando des berüchtigten Emil Aschenbrenner zu schweren Kämpfen kam (Hellerer in: Revolution! Bayern 1918/19, 2008).

Am Abend des 13. März wurde das Münchner Hofbräuhaus in gewissem Sinne zu einem Parlamentsgebäude umfunktioniert. In einer von den Kommunisten einberufenen Versammlung der Betriebs- und Soldatenräte wurde der provisorische Zentralrat für abgesetzt erklärt und Levine rief pathetisch aus: „Heute endlich hat Bayern die Diktatur des Proletariats! (Mitchell 1967, S. 279).

Die Stoßrichtung von Levine und Levien wurde im weiteren Verlauf der Rede klar ersichtlich: „Der Rat Revolutionärer Betriebsobleute und Revolutionärer Soldatenvertreter betrachtet sich als die einzig gewählte und einzig berufene Vertretung des Münchner Proletariats und der Münchner Soldaten [...] Es wurde ein ‚Revolutionärer Stab' von 20

Personen gewählt, der beauftragt wurde, die ausführenden Maßnahmen zu treffen. [...] Der ‚Rat Revolutionärer Betriebsobleute und Revolutionärer Soldatenvertreter' betrachtet auch fernerhin die sogenannte Räteregierung als ‚Scheinräteregierung', da in ihr die grundsätzliche Forderung der Betriebswahl und der jederzeitigen Abberufbarkeit nicht erfüllt ist. Er betrachtet auch fernerhin den Zentralrat keineswegs als berufenen Vertreter der Arbeiterschaft." (Schaupp, 2017, S.187).

In den folgenden Aufrufen des Vollzugsrates der Betriebs- und Soldatenräte wurde eine „wirkliche Räte-Republik" (Ay 1968, Anlage 77) angekündigt. Weiter hieß es gleichsam als Abrechnung mit den Vorgängern, dass diese „Spottgeburt einer Räterepublik" (Ay 1968, S. 32) aus Schwätzern und unfähigen Elementen bestanden habe. Nunmehr stehe ein Ausschuss selbstgewählter Vertrauensleute an der Spitze der Arbeiterklasse.

Doch wie sahen die Räteinstanzen aus, die laut Proklamation, „den Willen zur Macht und zum Handeln" (Ay 1968, Anlage 77) besaßen?

Die Funktion eines Parlaments übernahm nunmehr die allabendlich tagende Versammlung der Betriebs- und Soldatenräte. Sie wählte einen, aus vier Mitgliedern bestehenden, obersten Vollzugsrat und einen Aktionsausschuss, der wiederum einzelne Kommissionen ernannte. Zum Vorsitzenden des Vollzugsrates wurde Eugen Levine gewählt, Er hatte der in Permanenz tagenden Versammlung ständige Tätigkeitsberichte zu erstatten. Laut Beyer arbeiteten in dem Aktionsausschuss auch Mitglieder der USPD und SPD mit, die nach Niederschlagung der Räterepublik zur KPD übertraten (1957, S. 101). Toller entschloss sich zum Eintritt in den Vollzugsrat, obwohl er kurzfristig von den neuen Machthabern festgenommen worden war (1980). Die restlichen Mitglieder des Vollzugsauschusses bestanden aus dem seit März von der KPD-Parteispitze verdrängten Max Levien und dem russischen Schriftsteller Tobia Axelrod, der im Auftrage Lenins in revolutionär-diplomatischer Mission nach München gereist war. Der Vollzugsrat verkündete umgehend die gesamte Übernahme der Kontrolle und Leitung von Verwaltung und Betrieben durch die Räte-Republik und forderte gleichzeitig zur Neuwahl von Arbeiter-, Soldaten- und Bauernräten auf. Danach sollte, so die erklärte Absicht, ein neuer Rätekongress einberufen werden, um der Räterepublik eine endgültige Leitung zu geben. Man war sich also des provisorischen Charakters der obersten Organe durchaus bewusst. Im Gegensatz zu den bloßen Ankündigungen ihrer Vorgänger wurde aber der ernsthafte Versuch unternommen, neue Verwaltungsstrukturen aufzubauen. Die Kommissionen, die sich durch ihre permanente Rechenschaftspflicht als unmittelbar ausführende Organe des Proletariats begriffen, sollten dabei entscheidenden Einfluss erhalten. Die Wirtschaftskommission stand dabei vor einer schwierigen Aufgabe. Die weiterhin in Bamberg festsitzende Regierung Hoffmann hatte als Folge des gescheiterten Umsturzversuches in Nordbayern Freikorps aufgestellt und zusätzlich Truppen von Seiten des Reichswehrministeriums erbeten. Der Blockadering um München, der Milch und Gemüseprodukte gelegentlich davon ausnahm, wurde immer enger gezogen. Es gab daher nur knappe Lebensmittelvorräte. Auch die Vorräte an Kohle waren nahezu erschöpft, was sich angesichts des langwierigen und ungeheuer strengen Winters fatal auszuwirken begann. Ende April war die Lage schon so angespannt, dass der Verbrauch von Milch für alle verboten wurde, die nicht eine ärztliche Bescheinigung vorweisen konnten (Mitchell 1967). Bereits am 17. April wurde in einem Aufruf „[a]n die Bauernschaft des bayerischen Landes“ (Beyer 1957, S. 111) verzweifelt um Unterstützung für die Münchner Räterepublik geworben. Um den Bauern die Furcht vor der bolschewistischen Gefahr zu nehmen, wurde eindringlich versichert, dass ihre Rechte nicht angetastet würden. Die Mittel- und Kleinbauern wurden aufgefordert, den Großgrundbesitz zu sozialisieren, also unter ihre direkte Kontrolle zu stellen und die Neuwahl von Bauernräten zwecks Übernahme der ländlichen Verwaltung angekündigt. Die Vision einer freien Selbstbestimmung des Bauernstandes rückte daher in nicht mehr weite Ferne, doch zunächst sollte die Bauernschaft tüchtig Lebensmittel in die Landeshauptstadt liefern. Dieser Appell stieß jedoch kaum auf Widerhall. Die nordbayerische Bauernschaft beschloss sogar einen allgemeinen Lieferstopp nach München. Angesichts der allgemeinen politischen Realitäten wären solche Lieferungen, wenn sie tatsächlich erfolgt wären, gewiss nicht in ausreichendem Maße nach München gelangt. Die Räteregierung versuchte der Notlage durch Beschlagnahme von Lebensmittelvorräten zu begegnen. Eine „vorläufige Regelung des Sicherheitsdienstes“ (Ay 1968, Anlage 80) sah eine strenge Reglementierung vor. Alleine die Wirtschaftskommission war als Organ des Vollzugsrates der Betriebs- und Soldatenräte dazu befugt. Ihre Bevollmächtigten hatten dabei zu jeder Zeit einen Ausweis mitzuführen, der ihre Berechtigung bestätigte. Die Wirklichkeit sah freilich anders aus. Gruppen von bewaffneten durchsuchten häufig private Wohnungen und nahmen zumeist alles Brauchbare mit. Obwohl für Plünderungen strenge Strafen angeordnet waren, gelang es nicht, diese Aktionen abzustellen.

Ähnliche Vorkommnisse waren auch bei der Beschlagnahme von Wohnraum festzustellen. Der Vollzugsausschuss ließ bei seinen Maßnahmen oftmals wenig Realitätssinn erkennen. So verfügte eine Verordnung, dass die Verarbeitung von Milch zu Butter oder Käse als Sabotage zu werten sei (Mitchell 1967).

Zudem wurde ein weiteres Problem offenkundig, nämlich der Mangel an akuten Zahlungsmitteln. Um die benötigten Geldmittel zu erhalten, forderte die Finanzkommission fürs Erste alle Bürger auf, Bargeld gegen Quittung zu hinterlegen. Als nächstes wurden die Öffnung aller privaten Geldschränke und Bankfächer verfügt. Schließlich drohte man sogar mit der gewaltsamen Öffnung aller Stahltresore der Münchner Banken (Beyer 1957). Das Horten von Geld wurde „als kapitalistisches Verbrechen" (Ay 1968, Anlage 82) bezeichnet. Das Ergebnis dieser Aktion war aber mehr als dürftig und so wurden neue gedruckte Banknoten in Umlauf gebracht. Damit konnte zwar die Zahlungsfähigkeit für den Augenblick wiederhergestellt werden, verfestigte jedoch in der Bevölkerung das Bild eines nahenden Staatsbankrotts.

In diesem Zusammenhang wurde den Betriebsräten die Kontrolle der Betriebsfinanzen übertragen. Der Aktionsausschuss erarbeitete darüber hinaus „Provisorische Grundsätze über die Geschäftskontrolle der Betriebsräte" (Beyer 1957, S. 106). In einer der ersten Proklamationen hatte es ja geheißen „Kontrolle der gesamten Leitung durch eure Betriebsräte" (Ay 1968, Anlage 77). Nun wollte die Räteregierung freilich aus anderen Beweggründen das angekündigte Vorhaben in die Tat umsetzen. Die Betriebsräte kontrollierten nunmehr die gesamte Betriebsleitung. Dies bedeutete auch die Verfügungsmacht der Betriebsräte über die Einstellung und Entlassung des gesamten Personals, allerdings ohne Zugriff auf die leitenden Beamten. Entscheidung im obigen Sinne war jedoch die strenge Kontrollbefugnis über die betrieblichen Finanzen. Allerdings musste selbst Beyer zugeben, dass diese Konzeption in ihren Ansätzen stehen blieb und nur rudimentär in Erscheinung trat (1957, S. 108). Auch die Bildung neuer, nur von Räten besetzten, Verwaltungsämter konnte nicht wirklich in Angriff genommen werden. Dazu fehlte zum einen das nötige Fachpersonal, zum anderen hemmten die drückenden „äußeren Bedingungen“ (Beyer 1957, S. 104) deren Realisierung. Während der kommunistischen Räterepublik beteiligte sich die USPD in den verschiedenen Aktionsausschüssen. Der vormalige Leiter des Revolutionären Bankrates Emil Maenner wurde allerdings gegen seinen Willen zur Funktion des Finanzkommissars gedrängt. Er wandte sich dann entschieden gegen die Beschlagnahme der Banktresore. Toller wiederum glaubte eine wachsende negative Stimmung bei den täglichen Versammlungen der Betriebs- und Soldatenräte zu erkennen (1980, S. 111 ff.). Gemeinsam mit Klingelhöfer und Maenner führte er Ende April die Opposition an.

Die Betriebsräteversammlung im Münchner Hofbräuhaus am 26. April 1919 offenbarte auch das politische Ende des kommunistischen Experiments. Toller erhob dabei drei schwerwiegende Vorwürfe. Erstens habe sich Levine geweigert, mit der Regierung Hoffmann zu verhandeln. Zweitens verschwiegen die Kommunisten bewusst die wahre militärische und wirtschaftliche Lage. Sie wussten nämlich nur zu gut, dass sie militärisch auf Dauer nicht bestehen konnten, hofften aber, durch die eine Radikalisierung der Kämpfe den revolutionären Enthusiasmus weiter steigern zu können.

Der dritte Vorwurf aber richtete sich gegen „landfremde Elemente“ (Ay 1968, S. 32), die eine bewusste Sowjetisierung betreiben wollten. Dies galt eindeutig gegen Axelrod, spielte aber gleichzeitig auf die russische Herkunft Leviens und Levines an. Wie ablehnend die Stimmung unter den Räten bereits war, zeigte einen Tag später die Annahme einer Resolution, die dem Vollzugsrat das Misstrauen aussprach. In weiterer Folge trat dieser zurück und die Betriebsräte wählten einen neuen Aktionsausschuss, dem Toller, Maenner und Klingelhöfer vorstanden. Um die allgemeine Verwirrung und Unsicherheit noch zu steigern, gab es nunmehr zwei Räteinstanzen. Die Kommunisten fühlten sich nämlich nach wie vor als die legitimen Machthaber und riefen die Arbeiter auf, den Anordnungen der neuen Regierung nicht zu folgen (Toller 1980). Landauer nahm zwei Wochen zuvor in einem Schreiben an den Aktionsausschuss das Scheitern der kommunistischen Räterepublik vorweg. Für ihn bedeutete Sozialismus die Befreiung der Menschen, die alle schöpferischen Kräfte lebendig mache. Im Gegensatz dazu beurteilte er aber das Handeln der Kommunisten kontraproduktiv: „In ihrem Werk aber sehe ich, dass sie auf wirtschaftlichem und geistigem Gebiet, ich beklage es sehen zu müssen, sich nicht darauf verstehen" (Toller 1980, S. 109).

Was die Bevölkerung gegen die neuen „Machthaber" in hohem Maße aufbrachte, war die rücksichtlose Requirierungspolitik. So verpflichtete der Vollzugsrat die Bürger Münchens zur Ablieferung der gesamten Bargeldbestände gegen Ausstellung von Schuldscheinen. Aber die Bevölkerung war davon wenig angetan. So wurde der Zwang verschärft, es erging nämlich postwendend der Befehl, sämtliche Schließfächer und Tresore der Banken, aber auch der Privathäuser zu öffnen. Schließlich wurde die Druckerpresse angeworfen und eine Notwährung an die Bevölkerung ausgegeben. Die Ernährungslage wurde immer dramatischer. Das Militär und antirevolutionäre Bauern am flachen Land hatten bereits einen effektiven Blockadering um München errichtet. Aber die Landwirte weigerten sich, die Anweisungen aus der Räteregierung auszuführen und wollten ihre Produkte nicht an die „roten Schweine" (Large, 2015, S. 150) liefern.

Abb. 15 Entscheidende Tage im Münchner Hofbräuhaus

Am 28. April tagten die Betriebsräte erneut im Hofbräuhaus, um einen neuen zwanzigköpfigen Aktionsausschuss zu wählen. Jetzt aber waren weder Vertreter der USPD noch der KPD willkommen. Selbst Gustav Landauer musste als Mitglied der Pressekommission den Saal verlassen (Schaupp, 2017). Das zynische Spiel der Kommunisten um Macht und Herrschaft im Namen des Proletariats war damit zu Ende.

Während die Betriebs- und Soldatenräte Münchens am 1. Mai zu einer Großfeier für die „... heilige Sache des Proletariats" (Ay 1968, Anlage 90) aufriefen, zogen die Truppen des Generals von Oeven, bestehend aus Freikorps und württembergischen Einheiten, den Belagerungsring um München immer fester zu und bereiteten für die nächsten Tage den entscheidenden Angriff vor. Auch in der Schaffung einer schlagkräftigen Roten Armee versagte die kommunistische Räteregierung. Zwar hatte der Vollzugsrat bereits am 14. April einen Aufruf erlassen, indem die Bewaffnung der Arbeiter durch die Betriebsräte ankündigt wurde. Tatsächlich verteilte man in den nächsten Tagen rund 20.000 Gewehre an die Mitglieder der Roten Armee. Das Oberkommando beschränkte sich zumeist auf Direktiven und überließ im Übrigen die Organisierung der Selbsttätigkeit der Massen. Aus einer Vielzahl an gut bewaffneten und erfahrenen Arbeitersoldaten aber eine schlagkräftige und zentral geleitete Truppe zu formen, misslang dem Oberkommandierenden Rudolf Eglhofer nicht nur aus Zeitmangel. Dazu bedurfte es auch spezieller militärischer Fachkenntnisse und diese fehlten ihm. Eine andere Tatsache musste zudem die Schlagkraft mindern. Viele Berufsunteroffiziere der Münchner Kasernen weigerten sich, in der Roten Armee Dienst zu tun (Schmolze 1978). Ein weiteres Manko stellte sich im Mangel an zuverlässigem Personal dar. Oftmals musste sich der Oberkommandierende der Roten Armee, Eglhofer, auf Elemente stützen, die ihm von jemand anempfohlen wurden oder sich aus reiner Abenteuerlust gemeldet hatten. Bei den Kämpfen in den Vororten Münchens zeigte sich dann, dass viele dieser zweifelhaften Gestalten einfach davonrannten, oftmals nicht ohne die Löhnung und Verpflegung der Truppe mitzunehmen. Auf diese ernüchternde Tatsache weist Roos hin und stützt sich dabei auf die Berichte unmittelbar Beteiligter (1998, S. 124). Bis zum 3. Mai war die Stadt endgültig von gegenrevolutionären Truppen eingenommen. Allein die Kampfhandlungen in der Zeit vom 30.4. bis 8.5.1919 zur unmittelbaren Beseitigung der Räteherrschaft in München haben 625 Todesopfer gefordert. 252 Personen wurden von den Regierungstruppen und Angehörigen der Freikorps standrechtlich erschossen, darunter waren nachweislich 21 zu Unrecht als Kommunisten beschuldigte Angehörige eines katholischen Gesellenvereins (Münz/Morenz 1968).

Epilog

Die maßgeblichen Vertreter der ersten Räterepublik fühlten sich als Teil einer sich ausbreitenden revolutionären Welle, die von Russland über Ungarn nach Bayern führen sollte. Die führenden Köpfe der Münchner Räterepublik schickten daher folgerichtig Grußtelegramme nach Russland und Ungarn, dort hatte Bela Kun am 21. März eine Räterepublik ausgerufen. Ja, auch an das österreichische Proletariat wurde appelliert, das fehlende Verbindungsstück zu schließen. Doch diese Wunschvorstellung erfüllte sich nicht. Die Reichskonferenz der Arbeiter- und Soldatenräte in Wien votierte gegen die Einführung einer Räterepublik, und der Versuch der österreichischen Kommunisten, einen putschartigen Umsturz zu vollziehen, scheiterte kläglich. Kurios genug, dass zumindest eine unbedeutende Lokalorganisation wie die oberösterreichische KP-Führung ein Grußtelegramm nach München sandte (Hautmann 1971, S. 135). Die Proklamation vom 7. April versuchte ein Hochgefühl zu verbreiten, da man sich als Überwinder des bürgerlich-kapitalistischen Zeitalters sah und nunmehr im „Zeichen freudiger Hoffnung auf eine glückliche Zukunft“ (Ay 1968, Anlage 63), so der Wortlaut des Zentralratsaufrufs, ans Werk gehen konnte. Weiter hieß es: „Das werktätige Volk ist Herr seine Geschicks!“ Doch welche Realität verbarg sich hinter diesen wohlklingenden Absichtsbekundungen?

Die Ausbreitung der Räterepublik auf ganz Bayern, als eine Voraussetzung zur dauerhaften Etablierung, blieb nur Wunschvorstellung. Gewiss, es gab vor allem im südlichen Landesteil eine größere Anzahl von Städten und Gemeinden, die sich der Räterepublik anschlossen, doch blieb der Norden des Landes weitgehend resistent. Zudem versagte das bedeutende Industriezentrum Nürnberg seine Teilnahme.

Die Herstellung einer gesicherten Lebensmittelzufuhr scheiterte am Widerstand der Bauern.

Die Versorgung mit anderen wichtigen Gütern des täglichen Bedarfs wie etwa Kohle wurde durch die Weigerung der Reichsregierung mit den Räterepublikanern zusammen zu arbeiten, zunichte gemacht.

Die Übernahme der Bürokratie, von den Modelltheoretikern immer wieder vorausgesetzt, blieb während der knapp einwöchigen Räteherrschaft ohne greifbares Ergebnis. Während Mühsams Rechenschaftsbericht die „ungeheuer schwierigen" (1976, S. 67) äußeren Umstände dafür verantwortlich machte (1978, S. 67), zeigten die Vorgänge in der Grenzstadt Passau, die sich der Räterepublik angeschlossen hatte, eine wesentlich andere Facette der Problematik. Bereits nach wenigen Tagen erwies sich die anvisierte Absetzung der kommunalen Verwaltung als undurchführbar. Der Vollzugsausschuss des Arbeiter- und Soldatenrates konnte die benötigte Zahl an Personal aus seinen Reihen gar nicht auftreiben. Schwerer aber wog die Tatsache, dass die zur Verfügung stehenden Räte sich auch fachlich für außerstande erklärten, die umfangreiche Verwaltungsarbeit einigermaßen befriedigend zu lösen (Seligmann 1998, S. 257). Dazu kamen die Probleme der internen Uneinigkeit. Die Sitzungen des Zentralrates waren zumeist mit fruchtlosen Rededuellen ausgefüllt, Abstimmungen kamen oft nur nach langwierigen Sitzungen zustande und wurden bisweilen am nächsten Tag revidiert. Auch die Vorgänge im Rahmen des ersten gesamtbayerischen Rätekongresses bezeugten die eingeschränkte Handlungsfähigkeit dieses Gremiums und zugleich die Unfähigkeit, inmitten endloser Diskussionen klare Entscheidungen herbeizuführen, sieht man einmal von der Abstimmung über die sofortige Einführung der Räterepublik ab. Hier gewinnt das, neuerdings wieder in den Fokus kritischer Betrachtung geratene, Konzept der „deliberativen Demokratie" an Bedeutung.

Mit diesem Begriff sind verschiedene Formen des kommunikativen Miteinanders gemeint. Dem liegt die Idealvorstellung einer vernunftgeleiteten Demokratie zugrunde: Man bringe dabei verschiedene Menschen zusammen, lasse sie ihre Ideen vorbringen, gebe ihnen die Gelegenheit, darüber zu streiten, indem sie das Für und Wider abwägen, einander zuhören und ihre Ideen wechselseitig vorurteilsfrei kritisieren und eröffne damit die Möglichkeit, zu einem schlüssigen Urteil zu gelangen. In der Praxis aber hat sich dieses Konzept bis heute nur in Ansätzen bewährt, weil es an zu viele unrealistische Bedingungen geknüpft ist (Brennan, 2017).

Die kommunistischen Initiatoren der 2. Räterepublik verkündeten einen großen Neuanfang. Diesmal unter den Auspizien einer wahren Räterepublik und unter Verteufelung ihrer Vorgänger. So wurde die

Übernahme der politischen und wirtschaftlichen Leitung durch die Arbeiterklasse verkündet und mit der Parole „Aber das Werk müsst ihr selbst tun!" (Ay 1968, Anlage 77) die Schimäre einer echten Volksherrschaft erzeugt.

Die Schaffung einer permanent aktivierten radikaldemokratischen Basis, wie es Beyer rühmend nennt (1957), fand bald ihre Grenzen. Tag für Tag versammelten sich die Betriebsräte im Hofbräuhaus, um von der Räteführung Rechenschaft zu erhalten. Doch schon Mitte April bemerkte Toller, dass eine gewisse revolutionäre Müdigkeit auch unter den bislang aktivsten Versammlungsteilnehmern eintrat. Denn so viel wurde bald klar: Weder die wirtschaftlichen, noch die finanziellen und schon gar nicht die Probleme von Sicherheit und Ordnung konnten in den Griff bekommen werden. Schließlich erlahmte der revolutionäre Impetus, und die viel beschworene Permanenz wurde zu einem wichtigen Verbündeten der Opposition.

Kommunistische Historiker begründeten später das Scheitern der 2. Räterepublik mit dem Zeitmangel, bedingt durch die prekäre äußere Situation.

Sieht man von dieser einseitig gefärbten Schuldzuweisung ab, so erhellt sich neuerlich die Grundproblematik der Räteherrschaft. Auch den Kommunisten der „wahren Räterepublik" gelang es, trotz radikaler Maßnahmen wie Beschlagnahmungen und Requirierungen, nicht die Defizite einer realen Räteherrschaft auszuschalten: Mangel an fachlich und organisatorisch geschulten Fachkräften, Mangel an zielbewusstem Handeln, aber auch die Unfähigkeit, die staatliche Verwaltung nicht nur zu übernehmen, sondern auch in neue adäquate und handlungsfähige Instanzen zu verändern. An diesen Grundtatsachen scheiterte die Rätebewegung insgesamt und die Räterepubliken als ihre radikalste Ausformung im Besonderen. Erst als alles schon verloren, die parteipolitischen Claqueure ausgeschlossen und München von den Freikorps-Truppen vollkommen eingeschlossen war, gelang es in der letzten Versammlung im Hofbräuhaus, einen Aktionsausschuss nach den Idealvorstellungen des Rätemodells zu etablieren.

Michael Appel sieht im revolutionären Freistaat/Volksstaat Eisners durchaus einen enormen Fortschritt für alle Anliegen des Feminismus (2018). Schon bei der ersten großen Rede als Ministerpräsident am Nachmittag des 8. November 1918 hatte Eisner das aktive und passive

Frauenwahlrecht angekündigt, was auch bei den Landtagswahlen am 12. Jänner 1919 erstmals Wirklichkeit wurde.

Damit gaben sich aber die Frauen nicht zufrieden und forderten daher konsequent in weiterer Folge den Zugang zu politischen und staatlichen Ämtern und das möglichst mit einer Quote.

Daneben öffnete man noch ein weiteres Füllhorn an Wünschen: Die Forderung nach gleicher Bezahlung für gleiche Arbeit und für eine Unterstützung von Frauen in der Schwangerschaft sowie beim Aussetzen der Arbeit vor und nach der Geburt, die begrenzte Legalisierung der Abtreibung, die Abschaffung des Heiratsverbotes für Lehrerinnen, die Koedukation von Buben und Mädchen, die Aufhebung der Bestimmungsgewalt des Ehemannes in Bezug auf die Berufstätigkeit der Frau, aber auch die Legalisierung von ehelichen und unehelichen Kindern.

Die Forderungen wurden von unterschiedlichen Frauengruppen vorangetrieben. Das waren Aktivistinnen aus allen politischen Bereichen und Parteien und solche von unabhängigen feministischen Organisationen.

Hier müssen an herausragender Stelle Anita Augspurg und Lydia Gustava Heymann genannt werden.

Es wurde ja zuvor schon darauf hingewiesen, dass auf dem bayerischen Rätekongress die Forderung nach einem Frauenrat erhoben wurde. In der Vorstellung von Anita Augspurg wären Frauenräte bei allen Entscheidungsfindungen in Staat und Gesellschaft zu konsultieren gewesen. Ihre Dauer wäre auf maximal zehn Jahre begrenzt gewesen. Man hoffte dort, ohne dauernde Bevormundung von Männern, politisch aktiv sein zu können. Das war auch die Intention von Kurt Eisner. Leider scheiterte dies zunächst an der normativen Kraft des Faktischen, sprich an der von Männern noch immer errichteten „Wand der Ignoranz“ (Appel, 2018, S. 180). Damit kann zum Ausgangspunkt zurückgekehrt werden.

Welche Perspektiven eröffnen sich aus der gesicherten Distanz historischen Geschehens für die Gesellschaft der Zukunft?

Entstanden inmitten eines Zeitensturzes, indem alles scheinbar fließend, ungeordnet und doch formbar schien, unternahm die Rätebewegung den Versuch einer politischen, sozialen und wirtschaftlichen Emanzipation bislang unterrepräsentierter Bevölkerungsschichten. Woran sie scheiterte wurde zuvor dargelegt. Für die Zukunft gilt es, die „... gewaltigste Idee der Menschheitsgeschichte“ (Hannak 1949, S. 8), nämlich politische Teilhabe und Selbstbestimmung in einer Gesellschaft freier und gleichberechtigter Menschen stets aufs Neue zu erkämpfen. Man wird zugeben müssen, dass diese Intentionen gerade in der heutigen Zeit, in der dieser Wertekanon plötzlich wieder bedroht erscheint, ein Höchstmaß an Aktualität besitzen.

Glossar

FREISTAAT Bayern

Dieser Begriff war schon seit dem frühen 18. Jahrhundert als Bezeichnung für eine Republik bekannt. Gemeint ist damit ein Staatswesen, in dem die Staatsgewalt vom Volk ausgeht. Unter Kurt Eisner wurde zunächst die Bezeichnung „Volksstaat“ populär. Der Name „Freistaat“ setzte sich freilich erst nach dem Ende der Räterepublik im Mai 1919 durch. Seit der Verabschiedung der Bayerischen Verfassung am 14. August 1919 ist dieser Begriff auch ein Teil des offiziellen Staatsnamens.

Parteispaltung: MSPD/USPD/Spartakusbund/KPD

Am 21. Dezember 1915 stimmten 20 Abgeordnete der SPD (Sozialdemokratische Partei Deutschlands) gegen eine neuerliche Bewilligung von Kriegskrediten, um damit ein Zeichen gegen den Krieg an sich und gegen die aggressiven Kriegsziele des Deutschen Reiches zu setzen. Sie bildeten eine parlamentarische Gruppe unter der Bezeichnung Sozialdemokratische Arbeitsgemeinschaft (SAG) und wurden Anfang 1917 aus der SPD ausgeschlossen. Bis zur Wiedervereinigung im Jahre 1922 wurde die SPD nunmehr als MSPD bezeichnet.

Im April 1917 gründeten die Ausgeschlossenen daraufhin eine neue Partei, die USPD (Unabhängige Sozialdemokratische Partei Deutschlands). Kurt Eisner war als Abgesandter aus München vor Ort. Im Rahmen der Novemberrevolution bildete die USPD zusammen mit der MSPD den Rat der Volksbeauftragten als höchstes deutsches Regierungsgremium.

Die Linksradikalen des Spartakuskusbundes unter Wilhelm Liebknecht und Rosa Luxemburg verblieben zunächst in der neuen Partei. Sie gründeten aber am 30.12.1918 offiziell die KPD (Kommunistische Partei Deutschlands). Damit war die Spaltung des linken politischen Lagers zur Gewissheit geworden.

Postionen der linken Parteien

SPD
Politische und gesellschaftliche Neuordnung auf demokratischer Basis, Zusammenarbeit mit bürgerlichen Kräften, keine unmittelbare Regierungsverantwortung für Räte

USPD, linker Flügel
Gegen eine Nationalversammlung für ein Rätesystem

USPD, rechter Flügel
Die Nationalversammlung soll zu einem späteren Zeitpunkt kommen, Räte als Kontrollinstanz

Spartakusbund/KPD
Rätesystem nach sowjetischem Vorbild, absolute Ablehnung des Parlamentariusmus, revolutionäre Agitation auf der Straße.
Ihre bayerischen Repräsentanten waren:
Max LEVIEN, 1885 in Moskau geboren. Kriegsfreiwilliger im 1.Weltkrieg im Rang eines Vizefeldwebels. Er war Mitbegründer des Spartakusbundes und der KPD in Bayern. Am 20. Dezember 1918 hielt der Spartakusbund in München erstmals eine Versammlung ab, Levien trat dabei als Verfechter eines Bolschewismus nach russischem Vorbild auf. Levien wurde im Februar 1919 wiederholt kurzzeitig verhaftet, so auch am dritten Tag des gesamtbayerischen Rätekongresses. Seit 21. Februar 1919 war er Mitglied des Zentralrates und dann vom 13.4. bis 27.4.1919 Mitglied des Vollzugsrates der 2.Räterepublik. Er verfügte auch die Geiselerschießungen im Luitpoldgymnasium am 30.4.1919. Levien wurde auf seiner Flucht im Oktober 1919 in Wien verhaftet, aber nicht an Bayern ausgeliefert und gilt seither als verschollen.
Eugen LEVINE, 1883 in St. Petersburg geboren. Eugen Levine war bereits 1905 als Student an der gescheiterten Russischen Revolution von 1905 beteiligt. Nach einer mehrjährigen Haft in Sibirien, gelang ihm die Flucht nach Europa und unter anderem auch nach Deutschland, wo er beim Studium in Heidelberg Rosa Mayer kennenlernte. Im November 1918 eilten beide sogleich zum revolutionären Hotspot Berlin.

Sein Deckname in München lautete „Genosse Niessen". Levines klarer Auftrag in München war es, die Kommunistische Partei, der bislang Max Levien vorstand, gänzlich zu einer bolschewistischen Kaderpartei umzuwandeln. Von 13. bis 24.4.1919 war er Vorsitzender des Vollzugsrates der 2. Räterepublik. Nach seiner Verhaftung wurde er am 3. Juni 1919 von einem Standgericht wegen Hochverrates zum Tode verurteilt und hingerichtet.

Reichs-Rätekongress in Berlin
Dieser erste gesamtdeutsche Rätekongress fand vom 16.12. bis 20.12.1918 in Berlin statt. Er wurde mehrheitlich von MSPD-Delegierten dominiert. Ernst Toller war von der Münchner USPD nach Berlin entsandt worden.
Folgende Forderungen wurden dabei erhoben:
Sozialisierung von Industrie und Bergbau, Demokratisierung des Militärs, Entwaffung der Konterrevolutionäre.
Der folgenschwerste Beschluss betraf aber das Verhältnis von Räten und Parlament. Die Mehrheit der Delegierten entschied sich für die Festlegung eines Termins zur Wahl einer Nationalversammlung.

REVOLUTION in BAYERN: 1. Etappe – Das Ministerium Eisner

Ministerpräsident und Auswärtige Angelegenheiten:	K. Eisner (USPD)
Innen:	E. Auer (SPD)
Unterricht und Kultur:	J. Hoffmann (SPD)
Finanzen:	E. Jaffè (USPD)
Justiz:	J. Timm (SPD)
Militär:	A. Rosshaupter (SPD)
Soziale Fürsorge:	H. Unterleitner (USPD)
Verkehr:	H. Frauendorfer (parteilos)

Literaturverzeichnis

Primärliteratur

Aufruf der Generalkommission der Gewerkschaften vom 9.12.1916, Quellenabdruck in: Fernuniversität-Hagen 04/97, Kurs 4111 – Deutschland zur Zeit des Kaiserreiches.

FECHENBACH, Felix (1929): Der Revolutionär Kurt Eisner. Aus persönlichen Erlebnissen von Felix Fechenbach. 1 Band. Berlin: J.H.W. Dietz Nachf. GmbH.

Gesetz- und Verordnungsblatt für den Volksstaat Bayern 1919 in: www.verfassungen.de.

HILLMANN, Günther [Hrsg.] (1971): Die Rätebewegung, Dokumente und Texte des Sozialismus und Anarchismus, Reinbek bei Hamburg: Rowohlt Verlag.

LANDAUER, Gustav (Nachdruck 1978): Staat und Geist, Berlin: Libertad Verlag.

Ders. (Nachdruck 1978): Entstaatlichung, Wetzlar: Verlag Büchse der Pandora.

MICHALKA, Wolfgang/NIEDHART, Gottfried (2002): Deutsche Geschichte 1918-1933, Dokumente zur Innen- und Außenpolitik, Frankfurt am Main: Fischer Taschenbuch-Verlag.

MÜHSAM, Erich (Nachdruck 1975): Befreiung der Gesellschaft vom Staat, Berlin: Verlag Klaus Guhl (Originalsaugabe FANAL-Verlag, Berlin 1932).

Ders. (1920): Von Eisner bis Levine. Die Entstehung der bayerischen Räterepublik. Entstanden in der Festungshaft in Ansbach im September 1920; Berlin: Contumax GmbH & Co KG.

Ders. (2003): Unpolitische Erinnerungen; Berlin: Aufbau Taschenbuch Verlag GmbH.

Stenografischer Bericht über die Verhandlungen des Kongresses der Arbeiter-, Bauern und Soldatenräte in München vom 25. Februar bis 8. März 1919 [STB] (Nachdruck o.D.), Berlin: Verlag Klaus Guhl.

TOLLER, Ernst (Neudruck 1980): Eine Jugend in Deutschland, Reinbek bei Hamburg: Rowohlt Verlag.

Sekundärliteratur

ANWEILER, Oskar (1958): Die Rätebewegung in Russland 1905-1921, Leiden: Edition E.J. Brill.

APPEL, Michael (2018): Die letzte Nacht der Monarchie. Wie Revolution und Räterepublik in München Adolf Hitler hervorbrachten. München: dtv Verlagsgesellschaft mbH & Co.KG. Online verfügbar unter www.dtv.de.

ARNOLD, Volker (1985): Rätebewegung und Rätetheorien in der Novemberrevolution, 2. überarbeitete Neuauflage, Hamburg: Edition SOAK im Junius-Verlag.

AY, Karl-Ludwig (1968): Appelle einer Revolution – Das Ende des Königreiches – Das Interregnum – Die Rätezeit, München: Süddeutscher-Verlag.

BAUER, Richard (2003): Geschichte Münchens, München: C.H. Beck Verlag.

BERGERON, Louis/FURET, Francois/KOSELLECK, Reinhart (1998): Das Zeitalter der europäischen Revolution 1780-1848, Augsburg: Weltbild-Verlag.

BEYER, Hans (1957): Von der Novemberrevolution zur Räterepublik in München, Berlin: Rütten & Loening.

BOLLENBECK, Georg (1989): Oskar Maria Graf, Reinbek bei Hamburg: Rowohlt Verlag.

BRACHER, Karl-Dietrich (2002): Die Krise Europas, aktualisierte und neu bearbeitete Ausgabe des 6. Bandes der „Propyläen Geschichte Europas", Augsburg: Weltbild Verlag.

BRANDIES, Ingeborg [Hrsg.] (o. D.): BIOGRAPHIEN berühmter ANARCHISTEN Frankfurt/Main: Verlag Freie Gesellschaft.

BR Bayrischer Rundfunk (2008): November 1918. Die unblutige Revolution. München. Online verfügbar unter https://www.br.de/themen/bayern/inhalt/geschichte/bayern-1918-revolution100.html.

BR Bayrischer Rundfunk (2008): Kurt Eisner im Portrait. Der revolutionäre Idealist. München. Online verfügbar unter https://www.br.de/themen/bayern/inhalt/geschichte/bayern-revolution-eisner100.html.

BRENNAN, Jason (2017): Gegen Demokratie. Warum wir die Politik nicht den Unvernünftigen überlassen dürfen. 1. Band. Berlin: Ullstein Buchverlage GmbH.

DORST, Tankred (1968): Die Münchner Räterepublik – Zeugnisse und Kommentar, Frankfurt/Main: Edition Suhrkamp.

EISNER, Freya (1996): Kurt Eisner. Zwischen Kapitalismus und Kommunismus, Frankfurt am Main: Edition Suhrkamp.

ERDMANN, Karl-Dietrich (1997): Die Weimarer Republik, 12. Auflage, München: deutscher Taschenbuch-Verlag.

GERWARTH, Robert (2017): Die Besiegten. Das blutige Erbe des Ersten Weltkriegs. 1. Band. München: Siedler Verlag. Online verfügbar unter www.siedler-verlag.de.

Ders. (2018): Die größte aller Revolutionen. November 1918 und der Aufbruch in eine neue Zeit. 1. Band. München: Siedler Verlag. Online verfügbar unter www.siedler-verlag.de.

GOTTSCHALCH, Wilfried (1978): Parlamentarismus und Rätedemokratie, Berlin: Verlag Klaus Wagenbach.

GRAU, Bernhard (2001): Kurt Eisner. Eine Biografie. 1. Band. München: C.H.Beck.

GREBING, Helga (1993): Arbeiterbewegung, 3. Auflage, München: Deutscher Taschenbuch-Verlag.

HAFFNER, Sebastian (1981): Die deutsche Revolution 1918/19, Reinbek bei Hamburg: Rowohlt Verlag.

HANNAK, Jaques (1949): Im Sturm eines Jahrhunderts, Wien: Verlag der Wiener Volksbuchhandlung.

HAMM, Margot; BROCKDORFF, Evamaria; BRÄU, Volker (Hg.) (2018): Wald, Gebirg und Königstraum. Mythos Bayern. Haus der Bayerischen Geschichte. 1. Band. Regensburg: Verlag Friedrich Pustet (Veröffentlichungen zur Bayerischen Geschichte und Kultur 67). Online verfügbar unter www.verlag-pustet.de.

Haus der Bayerischen Geschichte (Hg.) (2008): Revolution! Bayern 1918/19. *Hefte zur Bayerischen Geschichte und Kultur* (37). Regensburg: Aumüller Druck KG.

HAUTMANN, Hans (1971): Die verlorene Räterepublik – Am Beispiel der Kommunistischen Partei Deutsch-Österreichs, Wien/Frankfurt am Main/Zürich: Europa-Verlag.

HEIBER, Helmut (1975): Die Republik von Weimar, 8. Auflage, München: Deutscher Taschenbuch-Verlag.

KLEMPERER, Victor (2015): Man möchte immer nur weinen und lachen in einem. Revolutionstagebuch 1919. 1. Band. Berlin: Aufbau Verlag GmbH.

KRAUSE, Hartfrid (1975): USPD – Zur Geschichte der Unabhängigen Sozialdemokratischen Partei Deutschlands, Frankfurt/Main/Köln: Europäische Verlagsanstalt.

KREILER, Kurt (1978): Die Schriftstellerrepublik, Berlin: Verlag Klaus Guhl.

KOLB, Eberhard (1962): Die Arbeiterräte in der deutschen Innenpolitik 1918-19, Düsseldorf: Droste-Verlag.

Ders. (1984): Die Weimarer Republik, München/Wien: R. Oldenbourg-Verlag.

KÖGELMEIER, Georg (letzter Zugriff 2019): Kongress der bayerischen Arbeiter-, Soldaten- und Bauernräte, 1919. Online verfügbar unter http://www.historisches-lexikon-bayerns.de.

LARGE, David Clay (2018): Hitlers München. Aufstieg und Fall der Hauptstadt der Bewegung. 1. aktualisierte und um ein Kapitel erweiterte Auflage. München: C.H.Beck. Online verfügbar unter www.chbeck.de.

LEHAR, Anton (1973): Erinnerungen. Gegenrevolution und Restaurationsversuche in Ungarn 1918-1921. 1. Band. Wien: Verlag für Geschichte und Politik.

LEONHARD, Jörn (2018): Der überforderte Frieden. Versailles und die Welt 1918-1923. 1. Band. München: C.H.Beck oHG. Online verfügbar unter www.chbeck.de.

MERZ, Johannes (letzter Zugriff am 2019): Kabinett Segitz, 1919. Online verfügbar unter http://www.historisches-lexikon-bayerns.de.

MITCHELL, Allan (1967): Revolution in Bayern 1918/19, München: C.H. Beck Verlag.

MORENZ, Ludwig/MÜNZ, Erwin (1968): Revolution und Räteherrschaft in München, München/Wien: Albert Langen-Georg Müller-Verlag.

NEUBAUER, Helmut [Hrsg.] (1968): Deutschland und die Russische Revolution, Stuttgart/ Berlin /Köln / Mainz: W. Kohlhammer Verlag.

NOHLEN, Dieter/SCHULTZE, Rainer-Olaf [Hrsg.] (2002): Lexikon der Politikwissenschaft – Theorien – Methoden – Begriffe, Band 1 + 2, München: C.H. Beck Verlag.

NÖHBAUER, Hans F. (1992): München. Eine Geschichte der Stadt und ihrer Bürger von 1854 bis zur Gegenwart. 1. Band. München: Südwest Verlag GmbH&Co KG.

POPP, Lothar/ARTELT, Karl (1983): Ursprung und Entwicklung der Novemberrevolution 1918, Kiel: Gesellschaft für Kieler Stadtgeschichte (Reprint der Originalausgabe von 1918).

RAUSCH, Bernhard (1983): Am Springquell der Revolution, Kiel: Gesellschaft für Kieler Stadtgeschichte (Reprint der Originalausgabe von 1918).

RITTER, G.A./MILLER S. (1975): Die deutsche Revolution 1918/19, 2. Auflage, Hamburg: Hoffmann & Campe.

ROOS, Walter (1975): Die rote Armee der bayrischen Räterepublik, München: Druckerei Odenwälder.

SCHADE, Franz (1961): Kurt Eisner und die bayrische Sozialdemokratie, Hannover: Verlag für Literatur und Zeitgeschehen.

SCHAUPP, Simon (2017): Der kurze Frühling der Räterepublik. Ein Tagebuch der bayrischen Revolution. 1. Band. Münster: UNRAST.

SCHMOLZE, Gerhard [Hrsg.] (1978): Revolution und Räterepublik in München 1918/19 in Augenzeugenberichten, München: Deutscher Taschenbuch Verlag.

SCHULZE, Hagen (1996): Kleine Deutsche Geschichte, München: C.H. Beck Verlag.

SCHUELER, Hermann (1984): Auf der Flucht erschossen. Felix Fechenbach 1894-1933. Ungekürzte Ausgabe von 1981. 1. Band. Frankfurt /Berlin/Wien: Verlag Ullstein GmbH.

SELIGMANN, Michael (1998): Aufstand der Räte, Neuauflage, Grafenau-Döffingen: Trotzdem-Verlag, 2 Bände.

OTTACHER, Gebhard (2007): Der Welt ein Zeichen geben. Das Freigeldexperiment von Wörgl/Tirol 1932/33. 1. Band. Hildesheim: Gauke GmbH Verlag für Sozialökonomie. Online verfügbar unter www.gauke.net.

VILLAIN, Jean (o.D.): Die großen 72 Tage – Ein Report über die Pariser Kommunarden, Berlin: Verlag Volk und Welt.

VON OERTZEN, Peter (1976): Betriebsräte in der Novemberrevolution, 2. Auflage, Berlin/Bonn/Bad Godesberg: Verlag J. H. W. Dietz Nachf. GmbH.

VORLÄNDER, Hans (2003): Demokratie, Geschichte – Formen – Theorien, München: C.H. Beck Verlag.

WEHLER, Hans-Ulrich (2003): Deutsche Gesellschaftsgeschichte 1914-1949, Band 4, München: C.H. Beck Verlag.

Ders. (1995): Deutsche Gesellschaftsgeschichte 1849-1914, Band 3, München: C.H. Beck Verlag.

Periodica

Das PARLAMENT – Aus Politik und Zeitgeschichte, Band 44, 1964
Ernst Deuerlein: Der Freistaat Bayern zwischen Räteherrschaft und Hitlerputsch

NEUES Forum, Heft 293/294, Wien: 1978
Renate Wiggershaus: Niemand ist unschuldig – Zum 100. Geburtstag von Erich Mühsam

Vierteljahrshefte für Zeitgeschichte, 3. Heft, Stuttgart 1955 **[VfZ]**
Heinz Gollwitzer: Bayern 1918-1933

Vierteljahrshefte für Zeitgeschichte, 1. Heft, Stuttgart 1955 **[VfZ]**
K. D. Erdmann: Die Geschichte der Weimarer Republik als Problem der Wissenschaft

Zeitschrift für Geschichtswissenschaft , Sonderheft, 1958 **[ZfG]**
[Herausgegeben vom Politbüro der Sozialistischen Einheitspartei Deutschlands]
Die Novemberrevolution 1918 in Deutschland

Miscellanea

ERENZ, Benedikt; STAAS, Christian; ULLRICH, Volker (Hg.) (2018): 1918/19 Die deutsche Revolution. Sturz der Monarchie – Geburt der Weimarer Republik. *ZEIT Geschichte* 2018 (6). Hamburg: Zeitverlag Gerd Bucerius GmbH & Co. KG.

DIECKMANN, Christoph (2018): Rote Träume, Weißer Terror. Auf den Spuren der Revolution in München. In: Benedikt Erenz, Staas Christian und Ullrich Volker (Hg.): 1918/19 Die deutsche Revolution. Sturz der Monarchie – Geburt der Weimarer Republik. ZEIT Geschichte 2018 (6). Hamburg: Zeitverlag Gerd Bucerius GmbH &Co. KG.

KOHLHAMMER, Katja (Hg.) (2018): Revolution in Bayern. Geburtsstunde des „Freistaats". ***DAMALS – Das Magazin für Geschichte* 50 (11):** Revolution in Bayern. Leinfelden-Echterdingen: Konradin Medien GmbH.

PURDY, Jedidiah (1999): Das Elend der Ironie, deutsche Ausgabe, Frankfurt am Main/Wien/Zürich: Gutenberg Verlag.

SCHMALZL, Markus (2018): Friedlicher Marsch zur Macht. Von Räten bestimmter Staat oder parlamentarische Demokratie? In: Katja Kohlhammer (Hg.): Revolution in Bayern. Geburtsstunde des „Freistaats". DAMALS – Das Magazin für Geschichte 50 (11). Leinfelden-Echterdingen: Konradin Medien GmbH.

Bildverzeichnis

Abb. 1 BARCH Y1-320-1359
Abb. 2 Grafik erstellt nach ARNOLD (1985, S. 118 ff)
Abb. 3 © Ernst Gusenbauer
Abb. 4 © Ernst Gusenbauer
Abb. 5 BARCH 183-R18766
Abb. 6 BARCH 119-1288F
Abb. 7 Daten entnommen aus MITCHELL (1967, S. 186)
Abb. 8 © Ernst Gusenbauer
Abb. 9 BARCH 183-18566-001
Abb.10 BARCH 146-1981-003-08
Abb.11 www.alamy.com, Lizenznummer BHDAEC
Abb. 12 www.alamy.com, Lizenznummer DB1HWD
Abb. 13 BARCH Plak 002-021-047
Abb. 14 entnommen aus K. L. Ay, Appelle einer Revolution, Anlage 64
Abb. 15 © Ernst Gusenbauer